買い物依存症OLの

借金返済・貯蓄実践ノート

ファイナンシャル・カウンセラー
一般社団法人 ウーマンフィナンシャルカウンセリング協会
西村優里

合同フォレスト

はじめに

この本を手に取っていただいたということは、あなたはお金について何らかの悩みがあるのだと思います。

・いま現在、借金がある
・借金があることを誰にも言えず悩んでいる
・一刻も早く借金を返したい
・働いているけれど、貯金がまったくない
・借金はないけれど、なかなかお金が貯まらず悩んでいる
――この本は、これらの悩みを解決するための実践ノートです。

私は、いまでこそ普通の生活を送っていますが、ほんの数年前までは借金まみれの生活でした。原因は「買い物依存症」です。

洋服、バッグ、エステ、プチ整形、ジュエリーなどの高額商品を、学生時代から借金して購入していました。商品を見ると「どうしてもいま欲しい！」「分割すれば払えそうだし」と、大して考えもせずにリボ払いを重ねていました。

気が付いたら、28歳にして５００万円もの借金をつくっていたのです。

この本を手に取ってくださったあなたなら分かっていただけると思いますが、借金があるなんて誰にも言えませんでした。「信用のおけない、だらしない人」と思われたくなかったからです。

長い間、ひとりで悩み続けました。

「どうしよう……」

「今月は払えるだろうか……」

「返すために、また借りなくてはいけない……」

毎月郵送されるクレジットカードの請求書を見るのがとても恐怖でした。

そして、「このままではいけない！」と借金返済を決意し、結果、３年でそれを達成することができたのです。

私がこのことをお話しすると、みなさん一様にびっくりして「どうやって借金を返したの？」と必ず質問してきます。

もちろん、これだけの金額ですから専門家の力をお借りしました。

でも、それまで浪費三昧だった生活を一変させ、ダイエットのようにリバウンドすることなく、借金を完全にやめることができました。それだけでなく、いまではお金を貯められるようにもなったのです。


この本は、自身の経験から得たものを体系化して、誰でも実践できる方法としてまとめたものです。

「この方法は、お金に悩んでいるみなさんにとっても、必ず役立つに違いない」

私はそう確信しています。

借金をする理由は、人それぞれ違うことでしょう。

ですが、そこから脱出する方法はほぼ共通しています。浪費をやめればよいのです。

でも、なかなかやめられない。

そういう方が大半です。


そこで今回、私が借金の経験から学んだ「浪費をやめるために必要なこと」をお伝えします。それは、
①**強く「決意」**して取り組むこと
②**明確な「目標」**をつくり、視覚的に見えるようにすること
たったこの2つだけ。


「えっ！　たったそれだけ？」

と、あなたは思うかもしれません。

はい。本当にそれだけです。シンプルでないと続きません。

詳しくは本文で解説していきますが、むずかしいことは何もありません。

あなたにもきっとできます。

500万円もの借金をつくった私でもできたのですから、あなたも人生を変えることは可能です。

「分かっているけど、やめられない」

そんなあなたの気持ち、私には痛いほど分かります。

だからこそ、あなたの役に立ちたいのです。

私のように事が大きくなる前に、ぜひ本書を読んでいただきたいと思います。

お金は一生付いて回るものです。これからの人生、お金に振り回されるか、それとも、お金を気にしないで自分の生きたいように生きるか。

——選択するのはあなたです。

Contents

第3章

借金返済を始める前にこれだけは準備しよう！

第4章

㊙テクニックで借金返済をポジティブに乗り切ろう！

第5章

借金を完済したら世界が変わった！

Contents

第6章 借金返済を応用して貯蓄習慣を身に付けよう！

第7章 がんばっているあなたへのメッセージ

第1章

ダメOL28歳、借金500万円で大ピンチ！

1 私は「買い物依存症」だった⁉

あなたは「買い物依存症」について、どの程度知っていますか？

買い物依存症の人には、次のような特徴があります。

・「借金をしてでも買い物をしたい」という気持ちを自分で抑えられない
・必要ないものでも、大量に買ってしまう
・買い物中は興奮状態にあり、何時間でも飽きない
・「次に何を買うか」でいつも頭の中が一杯
・衝動的に買い物をしてしまう
・誰かに注意されても聞く耳を持たない（持てない）

当てはまるものがありましたか？

かつての私は、これらがすべて当てはまっていました。

買い物依存症に限らず、何らかの「依存症」に陥るのは、家庭環境や仕事、人間関係のストレスが原因であることが多く、心の病気だと考えられています。一般的には、男性はギャンブルやお酒に、女性は買い物に走る傾向があるようです。

私は、自分が買い物依存症だとはつい最近まで分かりませんでした。500万円もあった借金をすべて返済し終わったあとに人から指摘されて、やっと自分が典型的な買い物依存症だったのだと気が付いたのです。

いま思い返してみると、私の場合は自分の家庭環境に原因があったようでした。

私は自営業の家庭に、3人兄弟の長女として生まれました。6歳のときに父親のドメスティックバイオレンス（DV）が原因で両親が離婚し、祖父母と父親に育てられましたが、酒乱だった父の暴力は、私たち子どもにも向けられました。毎日父に怯える生活を送っていたため、家族の間で会話は少なく、じっと我慢して過ごす幼少時代でした。

その後、父の暴力はエスカレートし、耐え切れなくなった祖父母が家を出ていったため、私の家庭は、父1人が子ども3人を育てる苦しい生活に追い込まれました。

そんな厳しい家庭環境で耐え忍んでいた私ですが、大学入学を機に、生活が一変しました。アルバイトを始めたことで、これまでの人生で経験したことのなかった「お金を使う自由」を手に入れたのです。

私は、自分の好きなようにお金を使って、ものが手に入るという快感に生まれてはじめて浸りました。そして、周りの人にもっと好かれたい、もっと認められたい、もっとよく見られたい、貧乏に見られたくないという思いから、外見や身の回りのものにお金を使うようになったのです。

そのお金の使いようは、まさにいままでたまっていたものが一気に吐き出された感じで、学生の身でありながら、洋服だけで1日に15万円を使ったことがあるほどです。

幼いころからの満たされない思い、特に愛情とお金についてのストレスとコンプレックスを、「買い物」という行動で物質的に満たしていたのです。

自分の生活費の範囲で買い物をしているうちはよかったのですが、そのうち、エステなど100万円以上する高額商品をローンで買うようになりました。分割すると月々の支払いは1万円くらいのもの。「大丈夫だろう」という軽い気持ちでした。

その軽い気持ちが、後々大変な結果を招くことになるのですが、そのときは自分の欲求を満たすことが最優先で、高額なものを買うと満足度はさらに上がり、借金をすることへの抵抗が薄れ始めていたのです。

そうなると、買い物をしたいという気持ちから、ファッション雑誌や商品カタログを広げては、次に何を買うか、これを買うと自分が他人からどう思われるか、どれほどステキに映るか、という思いで頭の中は一杯。買い物しているときは夢中になっていて、あっという間に1日が過ぎてしまう状態でした。

2 28歳で借金が500万円に！

学生時代に始まった私の買い物人生は、社会人になってからも止まりませんでした。

就職をし、時間もお金も完全に自分の自由になると、買い物のペースはさらにエスカレートしていきました。

毎月給料が入ってくるため、「何とかなる」という甘い考えが先行し、相変わらず自分の好きなように買い物をしていました。

洋服、バッグ、靴、エステ、宝石、プチ整形……。実家のある田舎と違って、都会にはたくさんのお店が並び、どこも目移りするくらい魅力的な商品で溢れています。買い物以外にも、友だちや会社の先輩の誘いなどには毎回参加し、社会人2年目までは、毎週末びっしり予定を入れていて、どこかに遊びに行ったり食事に出かけたりしていました。

買い物は、クレジットカード5枚を使い、支払いやすいリボ払いか分割払いで。それを繰り返していると、いったいいまいくら使っているのか分からない状態に陥りました。


「毎月の給料から払えばいい」

最初はそんな軽い気持ちでいましたが、毎月の支払いが合計で10万円くらいになってくると、送られてくる請求書を見るのが次第に怖くなって、封を切らないこともありました。

請求書を見ていないため引き落とし日がいつかも分からず、引き落としがされないこともたびたびありました。入ってくる給料は、すべて買い物や支払いに出てしまって、口座にお金がなくなっていたのです。

いつものようにクレジットカードで買い物をしようとレジでカードを差し出すと、「あいにくお客様のカードはご利用できないようですが……」と店員さんに言われ、はじめて支払いができていなかったことを知る始末でした。

でも、ここで諦めないのが典型的な「買い物依存症」です。自分の欲しいものを手に入れるための執着心は、ものすごいものがあります。

とうとう消費者金融に手を出して、お金を工面することを覚えました。そして、諦めた商品をまた買いに行くのです。

消費者金融というと、最初はあまりよくないイメージがあり、すぐに返済しようと思うのですが、ＡＴＭで簡単に借りることができるため、いつの間にか、まるで自分のお財布のような感覚になってしまうのです。

それからは、レジでカードが使えなかった場面でも「ちょっとお金を下ろしてきます」と言って、近くのキャッシングコーナーで現金を手に入れ、再びお店に戻って買い物をすることもたびたびでした。

こうなると、さらに毎月の返済額が増えていき、とうとう「返すために借りる」という自転車操業に陥っていきました。ペダルを漕ぐことをやめると倒れるのです。ですから、毎月足りない分を消費者金融で借り、何とか返せるとひと安心。もはや返済することで頭の中は一杯でした。

そのうち、やり繰りをすること自体が快感となり、借入限度額までお金を借りて、また買い物をする、という状態になりました。

そして限度額一杯になったら、また新しい消費者金融を探して借りるのです。

借金が増えていくたびに負い目を感じながらも、現実を見たくないため、そのストレスをさらに買い物で発散させていましたが、ストレスは発散できても、毎月の支払いが大変なことには変わりません。気持ちのどこかに、いつも言いようのない不安を感じていました。

「こんな生活、いつまで続くのだろう……」

不安に押しつぶされそうになったある日、勇気を出して、いったいいくらの借金があるのか、毎月送られてくる大量の請求書を集計してみると、驚いたことに合計で５００万円以上あったのです。

電卓を叩く指先が震えるのを抑え、何回も確認しましたが、間違いありません。そして、その数字の大きさに呆然として頭の中は真っ白です。

こんなこと、誰にも相談できない！

「どうしよう……」

いまはお金が借りられているから何とかなっている。でも、いつまでもこれを続けるわけにはいかない……。

はじめて、事の重大さに気が付いた瞬間でした。

3 消費者金融も貸してくれない

「いまの生活を何とかしなければ……」

そうは思いながらも、私はなかなか行動を変えることができずにいました。何年間もしてきた買い物をいきなりやめることは簡単ではありません。

買い物をやめると、ストレスの行き場がなくなるのです。買い物という行為を誰かに強引にでも止めてもらわない限り、体に染み付いた依存体質がそうそう簡単に変わることはありません。

それでもできることはしようと、広告で見た金利の低いローンへの借り換えというものを試してみました。いわゆる「おまとめローン」というものです。

しかし、申請が通らない。以前の返済が延滞していたことが原因かもしれません。ほかの金融機関の「おまとめローン」も試してみましたが、やはりダメでした。

「無理かぁ……」

ため息をつくことしかできません。

そうこうしているうちに、その瞬間は突然やってきました。

返済のために、いつものように消費者金融のＡＴＭに借り入れに行きました。また借金が増えるのはイヤでしたが、返済を滞らせてはいけないので仕方ありません。

もちろん、すぐに借り入れはできるだろうと思っていたのですが……。

「あれ？　おかしいな。前はできたのに……」

何度も試してみましたが、やはりダメでした。

一抹の不安を抱えながらも、ほかの消費者金融のＡＴＭに行き、また試してみました。

そこもダメでした。

「まさか！」

私は呆然となってＡＴＭを後にしました。

心臓がバクバクと鼓動を打って、頭の中が真っ白に。

「どうしよう。これじゃ返済ができない……」

完全に行き詰まった瞬間でした。

私は頭を抱えてしまいました。もう借り入れすることはできない。でも、いまの給料で毎月の返済をすることはとても厳しい。

迷惑をかけることは分かっているので、家族や友人には相談できません。会社にも絶対にバレてはいけません。バレたらきっとクビです。

でも会社では、通常どおり業務を行わなければなりません。気が気ではありませんでしたが、働かないと給料ももらえないので、何事もなかったように仕事をしていました。

「本気で何とかしなければいけない」
2、3日経つと少し落ち着きを取り戻し、そう思うようになりました。
幼少期、ツライ思い出しかなかったものの、いまではお酒を断って立ち直ってくれた父親に、経済的な援助を何ひとつできなかった自分をとても情けなく感じていましたし、このままでは将来結婚もできないという不安もありました。

「この借金を何とかしたい！」

とはいえ、何かいい方法があるわけではありません。どうしたらいいか、ネットで必死に調べました。そして「任意整理」と「自己破産」という手段があることを知ったのです。

「そういえば、通勤電車の中に任意整理の中刷り広告があった気がする……」

翌朝の電車の中には、確かに専門家の事務所が出している広告がありました。

ネットで調べてみると、相談するにも費用がかかるようです。でも、いまとなっては背に腹は代えられません。

どこの事務所を選べばよいのかも分からないまま いくつか検索して、自宅から近く、親身になってくれそうな司法書士事務所にとりあえず相談に行ってみることにしました。

借金の返済のために、最後には「ヤミ金」に駆け込むというのはよく聞く話です。ネットの検索次第では「ヤミ金」まがいの業者に当たり、そこを選んでしまう危険性もあったのです。私はその手の業者に相談しなくて本当によかったと思っています。


過去の自分とは決別して、もう一度やり直したい。その気持ちが強かったからこそ、何とか危ない道を選ばずに済んだのではないかと思っています。

4 任意整理で借金返済に取り組む

勇気を出して、都内のとある司法書士事務所の戸を叩きました。

受付で「任意整理のお願いをしたい」と言うと、担当の方が出てきて、いまの状況を確認するためのヒアリングが始まりました。

借金をした話をすることはとても恥ずかしかったのですが、これをしないと借金はなくなりません。

借入先は全部で9社。そのうち司法書士事務所で対応できるのは、利息の引き直しをして過払い請求ができる7社とのことで、その整理をお願いすることになりました。

残り2社のうち、1社はクレジットカードの利用金額が数万円と小さかったため自力で返済することに。もう1社はメインバンクのカードローンで、利用金額は数十万円ありましたが、金利も比較的低く、任意整理をするとカードが使えなくなるので残すことにしました。

ここで「債務整理」について説明しておきましょう。債務整理とは借金を整理することで、困窮度別に「任意整理」「特定調停」「個人再生」「自己破産」の4つの方法があります。このうち、みなさんがよく耳にするのは、「任意整理」と「自己破産」だと思います。

それぞれについて簡単に述べますと（30ページ参照）、

①任意整理：弁護士などを通して貸主と交渉し、借金を整理していく方法。利息の引き直し等を行い、双方合意した方法で借金を支払っていく。

②自己破産：支払不能である場合に裁判所に申し立て、破産宣告を受け借金を免除して

もらう方法。借金はなくなるが（必要最低限の生活費等を除いた）財産も失い、ゼロからの再出発となる。

後日、司法書士事務所から自宅に契約書が送付されてきたのでサインをして返すと、すぐに貸主との交渉が始まりました。

当時、グレーゾーン金利というものが話題になり、それまで法外な高金利をとっていた消費者金融各社は、こぞって金利を下げ始めていました。そういう時期も幸いし、いままで高い金利を払っていた分については減額することができました。１００万円くらいは減りましたので、ずいぶん助かりました。

7社すべてとの交渉が終わり、最終的に支払う金額と期間が決まったところで「弁済計画シート」というスケジュール表のようなものが送付されてきました（28ページ参照）。

Ａ4横の紙一枚に、縦軸に返済回数と返済日、横軸に各債権者（貸主）の名称が記載され、その下に返済金額が書かれたもので、返済の全体像が見えるものです。

第1回の返済から終了まで、約3年間、毎月10万円ほどの返済をしないといけませんが、やっと出口が見えた気がしました。

「これでもう一度やり直せる」

この瞬間、やっと安堵したことをいまでも強く覚えています。それからは、毎月必死で返済に全力を注ぎました。

あれだけ執着していた買い物もパタリとやめました。大好きだった服や靴も買わなくなりました。見ると欲しくなってしまうので、お店に行くことをやめたのです。新しく買ったバッグやアクセサリーを友人から自慢げに見せられると、羨ましくなることもありましたが、次第にその気持ちも薄れていきました。

友人からの遊びや食事の誘いも断り、外食も控えて、家で自炊することが多くなりました。お金のかからないスイーツを考えて自分で作ってみたりもしました。

創意工夫して自分で努力したことが、毎月の滞

●弁済計画シート

	債権者名	A社	B社	C社	D社	E社	合計
	債権額合計	500,000	800,000	1,200,000	900,000	600,000	4,000,000
回数	返済日						
1	20XX年4月25日	12,500	20,000	30,000	22,000	15,000	99,500
2	20XX年5月25日	12,500	20,000	30,000	22,000	15,000	99,500
3	20XX年6月25日	12,500	20,000	30,000	22,000	15,000	99,500
4	20XX年7月25日	12,500	20,000	30,000	22,000	15,000	99,500
5	20XX年8月25日	12,500	20,000	30,000	22,000	15,000	99,500
6	20XX年9月25日	12,500	20,000	30,000	22,000	15,000	99,500
:	:	:	:	:	:	:	:
:	:	:	:	:	:	:	:
	合計	500,000	800,000	1,200,000	900,000	600,000	4,000,000

りない返済という結果になって表れてくることが、何よりの励みでした。

挫けそうになったときには、弁済計画シートを見つめていました。

「あと○回で終わる」

そう思って自分を奮い立たせたのです。

毎月給料日当日には、銀行のATMで各消費者金融やカード会社に決められた金額を振り込むのですが、振込みが終わるとすぐにその行をマーカーで塗りつぶしていきました。

マーカーで塗りつぶされた行が増えるたびに、「あと○回だ」と指折り数えていきました。

塗りつぶされた行を見るたびに、確実に借金が減っている実感が得られ、自信にもつながっていたように思います。

指折り数え続けて3年……。とうとうその日がやってきました。私はやっと借金をすべて返済したのです。

Column

「任意整理」と「自己破産」のメリット・デメリット

借金で生活が成り立たなくなる前に、専門家に相談してみましょう。
ここでは、任意整理と自己破産のメリット・デメリットを簡単に説明します。

【任意整理】

メリット

●裁判所を通さず弁護士・司法書士を通すのでやりとりが早く、すぐに債権者からの請求が止まる。
●過払い金が発生していた場合は戻ってくる可能性がある。
●将来利息はカットされる。
●官報に掲載されないので、第三者に知られることがない。

デメリット

●和解が成立しないこともある。
●連帯保証人には債務が残る。
●信用情報機関に事故情報が残るので、完済後5年程度までは銀行ローンを含む借入れができなくなる（クレジットカードも作れない）。

【自己破産】

メリット

●裁判所から免責許可が下りれば借金が免除される。
●支払い不能であれば誰でも利用可能。
●裁判所への申立て後は取り立てが止まる。

デメリット

●官報に掲載される。
●自宅、不動産など価値のある財産は処分される。
●ギャンブルや浪費が原因の場合は、免責されないことがある。
●連帯保証人には債務が残る。
●郵便物は、破産管財人に管理される。
●信用情報機関に事故情報が10年ほどは残るので、その間銀行ローンを含む借入れができなくなる（クレジットカードも作れない）。

5 借金返済に必要なのは「目標」と「決意」

借金を返済することはとても大変でした。でも私は、それに成功しました。計画どおりに実行しただけです。

ただただ、一心に実行し続けただけです。そしてさらに、同じ行動をし続けた結果、同じ期間で同額の貯金をすることもできました。

目標を達成できた理由は2つ。

一つは、目に見える**明確な「目標」**があったこと。

もう一つは、やるしかない、という**強い「決意」**を持てたこと。

あとになって分かりましたが、これは借金返済だけに限らず、目標を達成するために必要なものだと思います。

おそらくみなさんの中にも、「そんなことは分かっているよ」と思う方がいるかもしれません。

そんなに目新しいことではないのです。でも、それができない人がほとんどです。それはなぜでしょうか？

私は、それらの状況を能動的に自分で作り出すのがむずかしいからだと考えています。

今回私は、司法書士にお金を払って「弁済計画シート」という目に見える「目標」を作っていただきました。

毎月何日にいくらの返済をしていけばよいのか、それは合計でいくらになるのか、すべてはっきりしていました。その弁済計画シートを手帳に挟んで肌身離さず持ち歩き、毎日眺めては、借金を返済し終わったあとの自分の生活を想像し、夢を膨らませていたのです。

また、「もうこれ以上借り入れができず、返済ができない」という、どうしようもない現実を突き付けられ、「このままでは自分の人生を棒に振ってしまう」という危機感から、強い「決意」を持つことができました。誰にも相談できなかったため、自分で何とかしなければならないという思いもありました。

問題が大きくなってからその決意を手に入れたということは皮肉ですが、誰しも課題に直面しない限りは、人ごとのように捉えてしまうのかもしれません。

日ごろ大きな危機感を持たずに毎日を過ごしていると、そこまで気持ちが強くならないのではないかと思います。


「借金を返したい」「お金を貯められるようになりたい」と思っているあなた。「じゃあ、私の場合はどうすればいいの？」と困惑しているでしょう。

私のように、借金が大きな金額になるまで待つしかないのでしょうか？

結婚して子どもが生まれ、生活費と教育費を稼ぐためパートに出るようになってから、「もっとお金を貯めておけばよかった……」と後悔するまで待たないといけないのでしょうか？

——いいえ、そんなことはありません。


次章からは、借金を返済し、貯蓄体質になるための具体的なレッスンを始めていきます。

Column

ATM早打ち名人

毎月の給料日には、銀行のATMに行き各債権者口座宛に振込みをするのですが、振込み先が7社もあるので時間がかかります。あまり時間がかかると、後ろで並んでいる人の目が気になります。

待たせてしまって迷惑にならないように、また「あの人、何やっているんだろう?」と怪しまれないように、私はできるだけ速く入金するようにしていたのですが、次第に、高速に入金するスキルが身に付きました。それが、画面の早打ちです。

口座番号はあらかじめカードに登録しておき、その中からいかに速く次の口座を探し、決められた金額を入力できるかがポイント。左手にいつもの「弁済計画シート」を小さくたたんで持ち、右手で操作していきます。金額を間違えると面倒なことになりますので、細心の注意を払い、かつ速やかに実行。

これを3年も続けていると、相当なベテランの域に達します。

いまとなってはあまり役に立たないテクニックですが、銀行のATMに向かうたびに、そのときのことを思い出します。

第2章

借金返済のために必要な考え方を身に付けよう！

1 「なぜなぜ5回」で原因を見つける

最初に、なぜ借金してしまうのか、その原因を明確にし、自覚することがとても大事です。私の場合は買い物でした。

あるサイトの調査結果によりますと、女性が借金する理由のランキング第1位は買い物だそうです。特に最近は女性の社会進出が進み、働く女性が増え、簡単にクレジットカードを作れるようになりました。リボ払いも増えたことで、気軽な気持ちで買い物をしている方も多いと思います。

実際、借金している人の3～4割は女性といわれていますので、金額の多寡はあるかもしれませんが、借金している女性が多くいることは確かです。

では、もう少し踏み込んで考えてみます。なぜ、借金をしてまで買い物をしてしまうのでしょうか？　表面的な理由は買い物ですが、じつはその奥にはもっと深い理由があります。

みなさんは「なぜなぜ5回」という言葉を聞いたことがありますか？

「なぜ？」を5回繰り返し、真の原因まで導くというものです。問題の根本的な原因を探すために、ある有名企業で採用している方法です。

私は借金してまで買い物してしまう理由を、この方法を使って考えてみました。

①なぜ借金してしまうのか？
↓欲しいものを買いたいけれども、お金が足りなかったから
②なぜお金が足りないのに買いたいのか？
↓「どうしても欲しい」という衝動（欲求）を抑えられなかったから
③なぜ衝動（欲求）を抑えられなかったのか？
↓「満たされない気持ちをいますぐ満たしたい」という気持ちが強かったから
④満たされない気持ちとは何か？　また、なぜそれが生じたのか？
↓愛情と信頼。家族からの愛情や信頼が得られなかったから
⑤なぜ家族からの愛情や信頼が得られなかったのか？
↓家族も同様に、愛情や信頼が得られていなかったから

私は、自分自身が借金漬けのときにはこんなことを考える余裕はありませんでしたが、返済後のいま、あらためて思いを巡らせてみると、このようなことが分かりました。人によって状況は違いますし、最初はなかなか思い付かないかもしれませんが、何回かトライするうちに徐々に頭が慣れてくると思います。ツライ「質問」ですが、あなたにとって、きっとよいきっかけになると思います。ぜひ、考えてみてください。

私は、幼少時代にあまりいい思い出がありませんでした。親を憎んでいたからです。でも不思議ですね。親もまた同じ状況であったのかと思うと、その気持ちもだんだんとやわらいできて、いまでは感謝の気持ちで接することができています。

ちなみに、⑤にあるように、親にもまた満たされない気持ちがあったので、その気持ちがお酒に向かわせ、アルコール漬けで酒乱となっていたようです。でも、いまではパッタリとやめています。

やめられた理由については直接聞いていないのですが、私と同じようにやめざるを得ない状況が突然発生し、それによって強い決意が持てたからだと思います。

2 「借金なし」の人生を想像する

「借金していなかったらどんな人生になっていましたか？」

これはあなたにとって、とてもツライ質問かもしれません。でも、前に進むためには必要な質問なのです。

「この借金さえなかったら、どんなに楽だろう」

借金返済中、何度そう思ったことでしょうか。頭の中にはいつもそんな思いがありました。

私の借金の額、５００万円。この借金がなかったら何ができたでしょうか？

借金という負い目がなかったら、もっと早く結婚ができたかもしれません。当時の私は、エステやプチ整形、洋服など「見た目」にお金を使っていましたので、男性から声をかけられることがよくありました。

ですが、ある程度仲良くなり親密度が増してくると、本当の自分を知られるのが怖くなっていきました。借金をしていることが分かったら、私から離れてしまうのではないだろうか。そう思うと積極的になれず、そこで一線を引いてしまうのです。

好きなのにその行動が制限されてしまう。次第に私は仲良くなることさえ避けるようになっていきました。それはとてもツライものでした。

「ほかの人はどうしているのだろう？」

疑問に思ったので、借金をしている女性についてネットで調べてみました。すると、借金を隠して結婚したという人が男女問わず多くいることを知り、とてもびっくりしました。

「生活費とか今後の計画とかあるし、結局は話をすることになるはず。そうしたら、それを隠していたことを責められるだろうし……」

私はそう思っていました。

でも、考え方は人それぞれなのかもしれません。自分は借金があるまま結婚することに抵抗を感じていたので、もしそれがなかったら、いまごろはまったく違う人生になっていたのだと思います。

また、私はもっと親孝行ができたと思います。

我が家は父子家庭で、父は男手一つで3人の子どもを育ててくれましたが、自営業の収入はとても厳しいものがありました。それでも、私が就職するときには、父は最初の1カ月分の生活費を送ってくれたのです。

それなのに、私は社会人になってからも買い物がやめられませんでした。実家に仕送りするどころか、買い物のために借金をしてしまうという、ダメな娘になっていたのです。心の中では、「父に楽をさせたい」と思いつつも、自分の要求を優先してしまったのです。この場合、自分一人だけでなく、家族の人生にも影響を与えてしまったことになります。

あるときは、自分の不甲斐なさに耐えかね、借金を重ねて仕送りをしたことがありますが、そんなことが長く続くわけがありません。やはり、きちんと借金を返済し、自分で働いて稼いだお金を渡す。それが本当の親孝行というものでしょう。

いまでは、お金を貯めるときに、一緒に仕送り分を別口座に振り分けているので、大変な思いをせずに定期的に実行することができています。

そのほかには、留学や投資、旅行もできたかもしれません。いまとはまったく違う、自分のしたいことが早く手に入った人生になったのだと思います。

あなたの場合はどうでしょうか？　借金がなかったら、もっとお金があったら、どんな人生になっていたでしょうか？

私は、この経験を通して、お金とは人の一生を左右してしまうほど影響力の大きいものであるということが、痛いほどよく分かりました。

借金をして、一時的には享楽的な生活をすることができましたが、将来に大きなツケを回すことになりました。過去の自分の行動がいまの私に跳ね返ってきているのです。そのときはこんなことになるとは知らずに……。

いまでは、お金についてよく理解していなかったために、高い授業料を払わされたのだと思っています。

3 負の感情をエネルギーに変える

「借金をしていなかったら、どんな人生になっていましたか？」

これは本当にツライ質問です。

「そんなこと、あなたに聞かれる筋合いはない！」

みなさんはそう思っているかもしれません。

でも、私があえてこのツライ質問をしたことには訳があります。

第1章で、借金を返すためには強い「決意」が必要だと言いました。では、強い決意とはどのように得られるのでしょうか。

私の場合は、ネガティブな感情から得られました。

借金を返済するために司法書士事務所を訪ねた帰り道、自分に誓ったのです。

「もう二度とこんな恥ずかしい思いはしたくない」

「借金さえなかったら、まったく違う人生になっていたはず」と。

そう思うと、やり切れない気持ちがふつふつと湧き上がってきました。そして、絶対にこの借金をきれいに返済して、人生をやり直すのだと、強く決意したのです。

人は感情の生き物ですので、何らかの感情が動いたときに行動します。つまり、感情とは、人が行動を起こすためのエネルギーなのです。

あなたにもこんな体験はないでしょうか？　好きな人の笑顔が見たいがためにプレゼントを買いに行ったり、「カワイイね」って言われたいから、洋服やバッグ、ネイルなどを意識して選んでみたり……。

電話機を発明したことで有名なグラハム・ベルは、耳が悪い奥さんのために補聴器を作ろうと、何万回という気の遠くなるような失敗を経て偉業を達成することができたといわれています。

これらの例えは、人のために何かがしたいという、どちらかといえばプラスの感情ですが、ネガティブな感情だとしても同じです。あなたがイヤというほど感じたツライ気持ちもエネルギーになります。行動するためのきっかけになるのです。

私はあなたに、自分の感情に向き合い、途中で挫折しないよう強い決意を持っていただきたいのです。
それが、私があえてあなたにツライ質問を投げかけた理由です。

誰だって、ツライことやイヤなことには目を背けたくなると思います。私もそうでした。借金している自分を認めたくなくて、請求書を見るのもイヤで封を切らないときもありました。そうしたら、ある日とんでもないことになっていたのです。「多重債務者」です。

「いずれ正面から向き合って対処しなければならないのであれば、早くから気が付いて実行していればよかった」

あとから何度もこのように思いました。

問題が大きくならないうちに早目に対処しておく。これも重要なことの一つです。

最初はイヤな思いをするでしょう。でも、それを放っておいたらもっとイヤな思いをすることになります。

感情が激しければ激しいほど大きなエネルギーになりますが、心に大きな負担をかけることにもなります。せっかくここでエネルギーを得たのですから、これをきっかけに行動してみましょう。

決意ができましたか？　できたら次の項目に進みましょう。

4 今日から新しいスタートを切る

あなたは人生のどん底を味わったかもしれません。でも考えてみてください。下がったら、あとは上がるだけです。

少なくともこの本の第3章までを一気に読んでみてください。そうすれば、いつの間にか借金完済の目標設定までできちゃっていますよ。

さて、感情をエネルギーに変えることができましたか？　まだネガティブな感情をお持ちでしたらさっさと変えてしまいましょう。そんなに自分を責めたところで、将来あまり役には立たないからです。

これは私の経験からも、はっきりと申し上げることができることです。暗い幼少時代の思い出や会社での先輩社員とのケンカなど、イヤなことを思い出そうとすればいくらでも出てきます。

社会人になって、私は借金というイヤなことを朝から晩まで考え続けて毎日を過ごし、気付いたら3年が経っていました。その間のことを思い出そうとすると、そのイヤな思いしか浮かんでこないのです。いま考えると、とてももったいない時間の過ごし方をしてしまったと反省しています。

感情をエネルギーに変えるには、「すぐに」「何かの作業に没頭する」のが最良の方法です。

「すぐに」「何かの作業に没頭する」ためには、あらかじめ「やることリスト」を作っておくと、とてもスムーズです。

やらなければいけないけれども、どうも面倒でなかなか手が付けられていない、たまっているメールへの返信や部屋の掃除、年末であれば年賀状づくりなど。

そんなときは「やることリスト」を作成しておいて、感情が動いたときに、「いまだ!」と思って着手するのです。そのタイミングは、ものすごくうれしいときでも、むかついたときでもいいです。そうすると、イヤな感情を持ったときでさえ、それを自分の役に立つチャンスに変えることができます。

とても前向きな方法だと思いませんか？

あなたは新しいスタートを切ったと同時に、新しい考え方（方法）まで身に付けることができるのです。最初はなかなかうまくできないかもしれませんが、半信半疑でもよいので、とりあえずやってみてください。はじめはあまり頭を使わない、手作業のものがよいかと思います。

ちなみに、私はこの「やることリスト」を知人から教えてもらったとき、「なるほど！」と感銘を受けたものです。それからは会社でイヤな先輩に小言を言われた日には、「オリャー！」と心の中で叫びながら、たまっていた作業を一気に片付けていきました。そうすると、もはやイヤな先輩ではなく、ありがたい先輩に見えてくるから不思議です。

5 考え方が変われば人生も変わる

私が好きな言葉の一つに、マザー・テレサの言葉があります。

思考に気をつけなさい。それはいつか言葉になるから。
言葉に気をつけなさい。それはいつか行動になるから。
行動に気をつけなさい。それはいつか習慣になるから。
習慣に気をつけなさい。それはいつか性格になるから。
性格に気をつけなさい。それはいつか運命になるから。

（『マザー・テレサ　愛と祈りのことば』ＰＨＰ文庫、２０００年、渡辺和子翻訳）

この言葉を友人から教えてもらったとき、とても感動しました。なぜなら、思考が変われば自分の運命が変わるということが、すんなり理解できたからです。

いまの私をつくっているのは過去の私の思考。

いまのあなたをつくっているのは過去のあなたの思考。

前項で私は、あなたの新しい人生がスタートしたと言いました。それは、自分の過去を見つめ直し、決意したことで、もうこれまでの過去のあなたの思考とは違っているからです。

思考が変われば言葉が変わり、行動が変わり、習慣が変わり、性格が変わり、運命が変わるからです。


もしあなたが、まだこれまでと同じような思考でいたら、人生は変わりません。お金に苦労する人生がまたもや続くのでしょう。でもちょっと考え方を変えるだけで、人生は変わってくるのです。それは身近な場面にいくつもあります。

「もしあの会社を選んでいたら」

「もしあそこに住んでいたら」

「もしあの人と結婚していたら」

そんなことを考えたことはありませんか？　もしあなたが少しでも違う選択をしていたら、また違った人生になりますよね。ですから思考はとても重要なのです。

思考が変わって人生が変わった例を、私の経験から見てみましょう。

買い物依存症だったころの私は、「この服かわいい！　欲しい！」と思ったら、「買っちゃおう！」と即決でした。値札も見ずに、あといくらお財布に入っているかも確認せずに、です。

しかし、借金を返済しようと決め、実際に返済がスタートしてからは、「この服欲しい！」とは思いますが、「いまは借金を返すことが先！」と思い直して、後ろ髪を引かれる思いでお店を後にしました。女性ですから素敵なものを見たら欲しくなるのは当然だと思います。ましてやこれまで好き勝手に買い物していたわけですから、これは本当に身を切り裂かれるようにつらかったです。

それからは、そういうツライ思いをするのがイヤなので、目的がない限りお店に行かなくなりました。電車の中でバーゲンセールの広告を見ても知らんぷり。見たら欲しくなってしまいますからね。これなら、当然出費が減ります。使わないお金が増えるので、そのお金を返済に充てます。そうすると、借金の金額は目に見えて減ってきますので、とてもうれしく、気持ちが楽になりました。

どうでしょうか？　あなたの人生も変わると思いませんか？

思考が運命を決めていることを意識するだけでも、日々の選択が変わり、あなたの人生が少しずつ変わり始めると思います。

「変わりそうな気がするけど、本当にできるか不安……」

そんな声が聞こえてきそうですね。確かに気持ちだけでは心配ですよね。でも、大丈夫です。ほかにもあなたをサポートするためのツールがあるのです。

第4章で詳しくご説明しますが、あなたの決意を実行に移すには、目に見える目標が必要となります。強い決意とセットで使うと大きな効果が得られることを、私は自分の経験から学びました。

その「目に見える目標」と「強い決意」については、次章でご説明しましょう。

Column

リボ払いの恐ろしさ

私の借金生活を加速させたもの、それはクレジットカードでのリボ払いでした。リボ払いとは、支払い残高に応じて、月々あらかじめ決められた金額をクレジット会社に支払う方法です。月々の残高に対し、手数料（多くの場合は年率15パーセント）がかかり、支払い残高に上乗せされます。

高額商品であればあるほど、リボ払いを利用すれば購入しやすく感じてしまい、何でもリボ。仕組みも分からないまま、1回当たりの支払い額を少なくできるので、気軽に利用していました。そして、何回もリボ払いを繰り返していたら、いくら元金を支払っていて、いくら支払いが残っているのか分からない状態になっていったのです。クレジット会社によってリボ払いの種類や利用方法が違っていることも、理解しにくい点だと思います。

いま思えば「手数料ばかり取られ、とてももったいなかった」と反省。みなさんには同じ思いをして欲しくないので、ここでリボ払いの仕組みについて触れておきます。

【例】洋服や靴を５万円購入し、支払額：月々5,000円（定額）、支払額に手数料（年率15%）を加えて支払う場合

	1カ月	2カ月	3カ月	4カ月	5カ月	6カ月	7カ月	8カ月	9カ月	10カ月	合計(円)
支払元金(円)	5,000	5,000	5,000	5,000	5,000	5,000	5,000	5,000	5,000	5,000	50,000
手数料(円)	534	517	509	431	382	308	254	191	123	63	3,312
総支払額(円)	5,534	5,517	5,509	5,431	5,382	5,308	5,254	5,191	5,123	5,063	53,312

上記の表は支払いが終わるまでほかの買い物をリボにしなかった場合ですが、返済中からまた新たにリボ払いを重ねていくと、どの商品が払い終わったのか非常に分かりにくくなってしまいます。

計画的にリボを利用しているのであればいいのですが、「これくらいなら払えそう」という軽い気持ちで利用している方は、あと何回で支払いが終わり、総額でいくら支払うことになるのか一度確認してみてください。支払い期間が長ければ長いほど利息を多く支払うことになりますので、できるだけすぐに返済することをおススメします。

第3章

借金返済を始める前にこれだけは準備しよう！

1 これ以上は、絶対に借りない！

まずは何はともあれ、これ以上借金することはすぐにやめましょう。リボ払いも借金と同じですからダメです。

「やめたいけどやめられない」という気持ちは私もよく分かります。しかし、前章ですでにあなたは考え方が変わっているのですから、受け入れてくれると信じています。行動を変えていくということですね。

まずは1日だけやめてみてください。それができたら2日、3日、1週間と延ばしていきましょう。

次に、金利を確認します。現在、何パーセント払っていますか？

業者によっても違いますが、大体は2010年の改正貸金業法により、年利20パーセント以下になっていると思います。多くの消費者金融では18パーセントが上限のところが多いようです。銀行のカードローンであればもっと低めに設定されていると思います。

もし長年にわたって利用していて、それより高い金利の場合には、過払い金請求ができる可能性がありますので一度専門家に相談してみましょう。

金利は借入額等によってもだいぶ違ってきますが、申し込み当初は信用がないため高く設定されていると思います。

利息は、

（借入額）×（金利）×（借入期間）

で計算されます。日々発生しているものですから、長く借りている分だけ多く払うことになってしまいます。

例えば、いま借りている金利が年率18パーセントだとします。50万円借りている場合、

1日に発生する金利は

50万円×18％÷365（日）＝約247円

となり、1カ月（30日）では

50万円×18％÷365（日）×30（日）＝7397円

こんなに利息を払っていることになるのです。借りたら無理のない範囲で、いち早く返すこと。それと同時に、もっと低金利のところに乗り換えられないかも探してみましょう。

2 いま、お財布にいくら入っていますか？

「いま、お財布にいくら入っていますか？」と聞かれたらすぐに答えられますか？分からなくても安心してください。分からない人がほとんどだと思います。私の周りで聞いてみても、半分以上の人が答えられませんでした。

いまの私ならば即答できますが、借金返済に取り組む前は、全然分かっていませんでした。毎日自分がいくら使っていて、銀行口座にいくら残っているのかも把握していなかったのです。

私が買い物依存症だったときには、カードで買い物をすることが多かったので、お財布の金額を気にする習慣がなかったことも影響していたかと思います。ただ、カード限度額一杯まで借りてしまったり、支払いを忘れていて一時的にカードが利用できないようなときにはとても慌てました。

いつものように買い物に行って欲しいものを見つけると、お財布の中身も確認せずに商品を持ってレジに行き、クレジットカードを差し出します。店員さんから教えられて、カードが利用できないことが分かると、慌てて銀行に下ろしに行ったり、銀行口座に残高がないときには、キャッシングのATMに走っていったりしていました。カード利用可能額のうち、いま現在どこまで使用しているのかさえも把握していなかったわけです。いま考えると、とても怖い綱渡りですね。

またあるときは、友だちとの食事で会計のときにお財布を見てお金が足りないことが分かり、隣に座っていた友だちにこっそり耳打ちしてお金を借りることもしばしばありました。いま思い出すととても恥ずかしく、友だちからもお金にルーズな人間だと思われていたと思います。

そんな状況ですから、お財布にどんなカードが何枚入っているのか、どのお店の何のポイントカードが入っているのかさえも知らなかったわけです。

レシートももらっていませんでした。もちろん家計簿もつけていませんでした。銀行の引出手数料がいくら取られるのかも、全然気にしておらず、何とも無知でした。いまでこそATM利用手数料が無料の銀行が増えてきましたが、当時は105円もしくは210円していましたので、とてももったいないことをしたと思います。

さらには、現状を見たくない、という気持ちもあったかもしれません。お財布を見て「お金がない」という状況が分かると、まずはそれをどうにかしないといけませんから、一時的に買い物への気持ちが削がれます。でも、削がれたくなかったので、お財布の中身や銀行口座の残金を見ないようにしていたのです。

買い物依存症の人には、この傾向は多分にあるのではないかと思います。

お財布の中身を把握する重要性については、お金を貯めるためのノウハウ本などで、お金が貯まる人と貯まらない人との違いとして書かれていることも多いので、知っている方も多いかもしれません。

では、なぜ借金返済のためにお財布の中身を把握する必要があるのか？　それはお金に関心を持ってもらうためです。

「借金を返済したい」「お金を貯めたい」と思っているだけではいつまで経っても実現できません。まずは自分のお金についてもっと知ることが大事です。これからは、たくさん気にかけましょう。

あなたも好きな人のことは四六時中気にしますよね？　それと同じように、お金のことも気にしてみてください。

まずは、「いますぐに」自分のお財布にいくら入っているか確認してみましょう。

3 家計を「見える化」する

お財布の中身の確認が終わったら、次に、あなたが持っているもの全体について、つまり家計状況を確認しましょう。

家計状況といっても、そんなにむずかしいことはありませんので安心してくださいね。

次の「家計資産状況表」を埋めていただくだけです。

●「家計資産状況表」のイメージ

資産		負債	
現金	円	消費者金融ローン	円
貯金	円	クレジットカードの支払い	円
株式	円	銀行ローン	円
不動産	円	住宅ローン	円
……	円	……	円
……	円	……	円

まずは、左側の資産について書き出します。資産とは、「それ自体がお金を生み得るもの」のことです。現金や貯金などが代表的な例です。株式や不動産なども含まれます。

この機会に一度確認してみてください。

私の場合、銀行口座の残高も知りませんでしたので、まずは預金通帳の記帳をするところから始めました。そしてほかにも何かあるか確認したところ、何カ月か前に会社からもらった通知で、自社株を少し持っていることを知りました。入社したときに天引きで購入していたようです。

「株を買っている場合じゃないのに！」

幸い、会社が合併したときに購入はやめていたようなので、現在はそのままにしてあります。それ以外は、生活費のための現金がいくらかあるだけでした。

次に、負債について書き出します。負債とは、「返済の義務があるもの」のことです。消費者金融のローンやクレジットカードの支払い、銀行ローン、住宅ローンなどが該当します。このあたりの言葉のほうがみなさんもよく聞くのではないでしょうか。

私はこの欄を書くのがとてもイヤでした。なぜなら負債だらけだったからです。資産よりも圧倒的に数字が大きいのです。私の場合は司法書士事務所に相談に行ったときに作成してもらった書類があったので、それを見ながら数字を入れていきました。

この本を読んでいただいている方の多くは、借金があったり、なかなかお金が貯まらなかったりで悩んでいると思います。そういった状況でこの表を作成することは、自分の悪い状況が表に出るようでイヤな思いをするかもしれません。でも、これを避けると、一生避け続けると思います。誰に見せるものでもありませんので、勇気を持って書いてみましょう。

もちろん、分かる範囲でかまいません。その場で分からないことは、あとで時間があるときに調べてみましょう。

表ができ上がったら、それを眺めてみてください。「家計資産状況表」とは、簡単にいえば「ある時点での家計における資産と負債の状況」を表したものです。会社の決算説明資料などに出てくるのは貸借対照表ですが、これを個人に適用できるように概念を単純化して利用しています。

あなたの場合はどうでしたか？　「思ったより現金があった」「こんなに借金があったなんて……」という方もいらっしゃるかもしれません。

借金があって負債に大きな数字が入っていたり、資産にあまり数字が入っていなかったとしても、悲観しないでください。これを個人で作っている人はそうそういないと思います。これができただけでもすごいことなのです。自信を持ってくださいね。

この家計資産状況表はある時点でのスナップショット（写真のようなもの）ですので、定期的に確認することが、負債を増やさないためにも重要です。特に借金を返済したあとや住宅などの大きな買い物をしたあとなど、大きく資産が動いたときに作成してみてください。

このように、家計資産状況表で家計を「見える化」することによって、毎月負債が減っていることがよく分かり、返済を続けることへの自信にもつながります。

4 「目的」を明確にする

何のために借金を返済しますか？　何のためにお金を貯めますか？

借金については誰でもイヤだと思いますが、それだけでは借金を返済していくモチベーションとして弱いと思います。なぜなら、今日、明日の生活をどうにかしなければならない人は別として、いま借金があっても、何とか生活できてしまっているからです。

私の場合、買い物で借金が膨らみ続けても、心のどこかで、「まだ借りられる余地がある」と思って、ブレーキをかけることができませんでした。人はその環境に慣れてしまうと、なかなか行動を変えることができないと、このときの経験を通じてよく分かりました。

大事なことは、何のために自分が行動をするのか、その「目的」を明確にすることです。

そうしないと、途中で少しでも「ツライな」と思ったときに、「何でこんな思いをしてまでやっているんだろう」と思ってしまうからです。また、誘惑に負けて、元の状態に戻ってしまうということがあるかもしれません。ですから「目的」を明確にすることは、とても大事なことなのです。

「もうこんなツライ生活をしたくない」
「お金に縛られたくない」
「もっと余裕のある人生を送りたい」
「結婚もしたい」
「まだ親孝行もしていない」
「このままではお金も貯まらないし、将来が心配でたまらない」

私の場合、こんなふうに、現状から脱したい気持ちと将来に対する大きな不安を持っていました。

ツライ生活とは何かというと、「借金のことを誰にも相談できずに、ひとりでこの問題を何とかしなくてはいけない」という重圧の中で悩み続けていたことです。

友だちや会社の上司には、借金があるということを知られたくなかったので、お金の話になると、話を合わせるためにとても気を遣い、ときどきうそをつくこともありました。

そういう態度を取ること自体がイヤで、早くその状態を解消したかったのです。

もちろん、親にも言えませんでした。そんなことを相談したら、娘のために何とかお金を工面して助けてくれたかもしれません。でも、親に経済的な負担をかけることが私には耐えられませんでした。

このような状況の中で、私の目的は「現状とは対極にある人生を送ること」。

つまり、「お金に縛られず、自分のしたいことをしたいときにする自由な人生を送ること」、そして「お金のことで周りに迷惑をかける」のではなく、「世の中に役に立つ存在になること」でした。

あなたの「目的」は何なのか、借金をなくしたあと、どんな人生を送りたいのか、それをこの機会に確認してみてはどうでしょうか。

お金を貯めたい人も同じです。ただ漠然と「貯金しなくちゃ」というよりは、「貯まったお金を何のために使うのか」ということを、具体的にイメージしてみてください。

「結婚資金のため」

「急に仕事がなくなったときの生活資金のため」

「老後の生活資金にするため」

など、いろいろあるかと思います。


この目的を明確にするうえでのポイントは「将来の視点」を持つことです。

お金を貯めたい人にとっては、結婚資金や老後資金というふうに、「将来のある時点のために使うお金」であることが容易にイメージできるかと思いますが、借金がある人にとっては、少しやりにくいかもしれません。なぜならば、将来よりも、とにかくいまこの状況を何とかしたいという思いが強く、近視眼的になっていることが多いからです。

そういう人はこう考えてみてはどうでしょうか。

あなたも「いま」という瞬間ではなく、その少し先の未来がいまよりよくなることを期待しているはずです。その未来とは、現状とは反対側にある人生だと思います。それを具体的にイメージしてみましょう。


ここがポイントですが、「目的」が明確になったら、それをすぐに文章にしましょう。

自分の「目的」を忘れないように、手帳でも携帯やスマホのメモでもいいです。いつでも、どこでも見ることができるように書き留めてください。

この先、何かの判断に迷ったり、困ったりしたときには、この「目的」が判断基準となってあなたを助けてくれます。

5 「目標」を決める

さて、「目的」が決まったところで、それを達成するための具体的な数字を決めていきましょう。数字とは、金額や日にちのことです。これが決まれば行動しやすくなります。

私の場合、自分の「目的」である「お金に縛られない人生を送る」ためには、まず借金を返すことが先決でした。ただ、自分で解決できる範囲を超えていましたので、専門家の先生にお願いしました。

司法書士の先生がまずしてくださったことは、過払い金請求です。

過払い金請求とは、本来払う必要がないにもかかわらず、これまで払っていたお金の返還を請求することです。私が借金をしていた当時、消費者金融業者の多くは、約30パーセントという高い利息をつけていましたので、払い過ぎていた分を返してもらうよう請求するわけです。

消費者金融などの各債権者との減額交渉は、司法書士の先生が行ってくれます。1社の減額に成功すると、報酬として4万円ほど取られましたが、その結果として500万円あった借金が約400万円まで減額できましたので、そこは費用として割り切りました。

次に毎月の返済額を決めました。ここが、計画を立てるうえで一番重要なところです。任意整理においては原則3年程度（返済回数36回）、場合によっては5年（返済回数60回）まで可能となっています。

全体の返済額を返済回数で割ると月々の返済額が出ますが、それが現実的なものかを検証していきます。私の場合は約400万円を36回で割ると月々10万円を超えます。それでは生活が厳しいので、41回にしてもらいました。そうすると10万円内に収まります。

でも、本当にこの金額で大丈夫なのか、不安ですよね。実際にやってみないと分かりません。そこは先生も同じ気持ちです。そこで、その事務所では、各債権者への支払いがスタートする前に、先生への報酬金を先に支払う仕組みになっていました。

具体的には、報酬金が40万円あったとすると、9万円の支払いを4カ月くらいやってみて、返済していけそうか様子を見ます。大丈夫そうであれば、残りの金額を借金に合算して、そこから毎月支払っていくことになります。

借金を返済したい人はもちろん、お金を貯めたい人も、目標金額と期間とを考慮して、まずは一度仮の計画を設定してみてください。

金額が多ければ短期間で済みますが、急変した生活に自分がついていけるかどうか分かりません。続かなくなっては何の意味もありませんので、ぜひ継続できる金額にしてください。少なければ少ないで、時間がかかります。途中で修正できますので、実際にやりながら金額を調整していけばいいでしょう。

さて、これで「いつまでに」「いくら」返済していくのかが決まりました。これが目標になるわけです。その内容を表にして司法書士事務所から私のところに送られてきたのが「弁済計画シート」というものでした。縦に返済回数と返済日、横に各債権者の名前と債権額合計が並んでいます（下表参照）。

ここで重要なことは、前項と同じように、目に見える形になっていることです。私はたったA4一枚の「弁済計画シート」で、3年後に達成したい「目標」を手に入れることができました。

いまでもこのシートを持っていますが、借金返済中は肌身離さず手帳に挟んで持ち歩き、毎日の原動力にしていました。それほど目で見える「目標」の効果は大きいのです。

ぜひあなたにも、この効果を実感していただきたいと思います。ここでは、簡略化した弁済計画シートを載せましたので、さっそく、次項でこれをもとにした「目標シート」を作成していきましょう。

●弁済計画シート（28ページの表を簡略化したもの）

回数	債権者名 返済日	A社	B社	C社	…	合計
1	20XX年4月25日	12,500	20,000	30,000	…	99,500
2	20XX年5月25日	12,500	20,000	30,000	…	99,500
3	20XX年6月25日	12,500	20,000	30,000	…	99,500
4	20XX年7月25日	12,500	20,000	30,000	…	99,500
5	20XX年8月25日	12,500	20,000	30,000	…	99,500
6	20XX年9月25日	12,500	20,000	30,000	…	99,500
:	:	:	:	:	…	:
:	:	:	:	:	…	:
	返済額合計	500,000	800,000	1,200,000		4,000,000

6 「目標シート」を作成する

「目的」と「目標」が決まったら、それをシートに落とし込んで、目に見える形にしましょう。

やり方は簡単です。

「借金を返済したい人の例」と「貯蓄をしたい人の例」の2つをそれぞれ紹介します。次のステップに従って記入してみましょう。

●借金を返済したい人の例

目的：お金に縛られず、自由な人生を送るため

目標：○年後に借金50万円を完済する

●目標シート（借金を返済したい人の例）

回数	債権者名／返済日	A社	B社	合計
1	20XX年4月25日	15,000	15,000	30,000
2	20XX年5月25日	15,000	15,000	30,000
3	20XX年6月25日	15,000	15,000	30,000
4	20XX年7月25日	15,000	15,000	30,000
5	20XX年8月25日	15,000	15,000	30,000
6	20XX年9月25日	15,000	15,000	30,000
:	:	:	:	:
	返済額合計	300,000	200,000	500,000

〈ステップ1〉

表の一番上に「目的」と「目標」を書きます。

「目的」は本章第4項で書いたもの、「目標」は第5項で決めたものです。

〈ステップ2〉

左側に回数と返済日を記入します。

返済日は各債権者側の都合もあるかもしれませんが、自由に決められる場合は、給料日のすぐ後にすることをおススメします。私も給料日の次の日に設定してもらいましたが、お金が入るとすぐに使ってしまいがちですから、給料日当日に支払うようにしました。これだけでも達成できる可能性はグッと高まります。

〈ステップ3〉

横に債権者の名前を書いていきます。第3項で記入した家計資産状況表の右側、負債の内容がこれにあたります。

〈ステップ4〉

最後に数字を記入していきます。毎月の支払額と合計額を記入していきます。

意外と簡単にできると思います。

これをいつでも見られるように、紙に印刷して持つのもいいし、電子ファイルや写真でスマホに入れておくのもオススメです。

●貯蓄をしたい人の例

目的：急に仕事がなくなっても、しばらくは
　生活できるようにするため

目標：1年間で100万円を貯める

基本的には、「借金を返済したい人の例」の〈ステップ1〉～〈ステップ4〉までと同じです。

●目標シート
(貯蓄をしたい人の例)

	目標	貯蓄額
回数	貯蓄日	
1	20XX年4月25日	80,000
2	20XX年5月25日	80,000
3	20XX年6月25日	80,000
4	20XX年7月25日	80,000
5	20XX年8月25日	80,000
6	20XX年9月25日	80,000
:	:	:
:	:	:
	合計	1,000,000

必要事項を次々と書き込み、表を完成させます。

7「本物の目標」にする「未来視点」

ここでは、「目標シート」を達成するためにはどうしたらよいか、つまり「目標」を「本物の目標」にするにはどうしたらよいか、を考えてみましょう。

どうやって「本物の目標」にするのか?

「気合で乗り切る」など、精神論ではありません。

とても簡単で、次の2つの質問に答えていただくだけでOKです。


【質問①】

「この目標を達成できなかったら、どんな人生になってしまいますか?」


今回、はじめて「目標シート」という形で目標設定をした人にとっては、それだけでも素晴らしい前進です。あとは実行するだけです。

しかし、途中でお金が続かなくなったり、誘惑に負けてしまったりで、挫折したとします。するとどうなるでしょうか？　元の自分に戻ってしまいますね。そしてまた、いままでと同じ人生に戻ります。お金のことで苦労する人生です。

そのとき、将来のあなたの姿はどうなるでしょうか？　幸せですか？　笑顔で生活していますか？　きっとそうではないと思います。それはあなたが望んでいた人生ですか？　違いますよね？

私もその気持ちが痛いほどよく分かります。途中で挫折したときのことを想像してみたところ、もうこんなツライ人生はたくさんだと、泣きそうになりました。

暗い気持ちにさせてしまいましたね。でも、次の質問できっと明るくなれますよ。

【質問②】

「この目標を達成できたら、どんな人生になっていますか？」

あなたが、継続して実行してきた結果、見事目標を達成できたときのことをイメージしてみてください。

世の中の多くの人達が、ほんの小さな目標さえも達成することができずに悩んでいる中、自分の力でそれを成し遂げることができたのですから素晴らしいですね。自分で自分を褒めてあげましょう。

あなたは、もはや過去のあなたとは違っていると思います。考え方も変わり、行動も変わっているはずです。もしかしたら、人付き合いなど、周りの環境も変わっているかもしれません。それは、あなたが成長している証拠です。

そのときのあなたは、どんな人生になっていますか？　笑顔ですか？　幸せですか？　目標が達成できたのですから、ほかの目標にもチャレンジしようと考えているかもしれません。私にもそのわくわくした気持ちが伝わってくるようで、とてもうれしいです。

――どうでしたか？　2つの人生がイメージできましたか？

この2つの質問は、とても大切な意味を持ちます。なぜなら、視点を「未来」に置く質問だからです。この「未来視点」を持つとどうなるか?

お金を浪費する人達の多くは、「現在」のことだけしか考えていません。「いま楽しければいい」という、そんな気持ちでお金を使います。私もかつてそうでしたのでとてもよく分かります。

しかし、この2つの質問に答えることによって視点を「未来」に置くと、「未来」のために「現在」何をしたらよいか判断できるようになります。そして、「現在」の感情だけで物事を決めることが少なくなるはずです。

例えば、「付き合いというだけで参加している飲み会に毎回5000円を払うくらいなら、そのお金を将来のために貯金しておこう」というふうに考え方が変わるかもしれません。そうした気持ちの変化の積み重ねが、目標達成の可能性を高めます。

考え方が変われば行動が変わる。行動が変われば人生が変わる。

まさにマザー・テレサが言ったとおりですね。

8 「目標シート」と「未来視点」で半分は達成！

ここまで、「目標シート」と「未来視点」によって、いまのあなたはこの本を読む前とは全然違っていると思います。すでに人生が変わり始めているということです。

ここまできたら、目標の半分は達成できたも同じです。残りの半分は、実行するだけです。

もうすでに、達成した自分がイメージできますよね。

多くの人は、お金を節約するために、いきなり生活費を切り詰めたりします。しかしほとんどは、耐え切れずに途中で挫折してしまいます。なぜかというと、考え方が変わっていないのに、行動だけを変えようとしているからです。

考え方が変われば行動が変わる。行動が変われば人生が変わる。

まず、考え方を変えることが大事なんですね。

考え方を変えたあなたは、大丈夫です。

もしやってみて、どこかでうまくいかなくなったときには、チューニングの必要があります。巻末の「挫折しそうになったら読むページ」を参考にしてください。

専門家でない限り、初めの計画どおりにいくことはほとんどないです。何回か修正して作り上げられたものがあなたに合ったよい目標／計画といえます。

やりながら修正していけば、より達成しやすいものとなります。あきらめずにやり続ければ、必ず目標は達成できますよ。

世界ナンバーワンコーチであるアンソニー・ロビンズの最年少トレーナーであるピーター・セージも次のように言っています（『成功の心理学』セミナー、ピーター・セージ・ジャパン）。

「正しいゴール設定ができれば、目標の半分は達成したのと同じだ」

ピーター・セージほどのスペシャリストであれば、「正しいゴール設定」をできるかもしれません。でも、この本を手にとった人の多くはそうではないと思います。ですから、最初から「正しいゴール設定」をすることはむずかしいかもしれません。

では、どうするか？

「正しいゴール」とは、何度か修正して作り上げられた、あなたにもっとも適している目標／計画のことであると私は解釈しています。ですから、何も最初から気負うことはありません。とりあえず、自分がこうだと思う目標を設定し、計画を立て、実際にやってみればよいのです。

「でも、本当にできるかな……」

そう不安に思っている方もいるかもしれません。そう思うのも当然です。まだやっていないことですものね。誰でもはじめてやることは心配になるものです。

そこで、私が実際に借金を返済し、お金を貯めていく中で身に付けてきた、ちょっとしたコツを次章以降でご紹介します。この習慣が身に付けば、そこまでツライ思いをしなくとも浪費をやめられると思います。ぜひ参考にしてみてください。借金を返す場合でも、お金を貯める場合でも、どちらでも必ず役に立つはずです。

Column

妄想ばかりしています

第7項『「本物の目標」にする「未来視点」』では、「目標を達成できなかった自分」と「目標を達成できた自分」をイメージしました。

私がこのように将来のことをイメージするようになったのは、いろいろと目標達成について勉強してきたからなのですが、それ以来、さまざまなことをイメージする癖がつきました。最近はイメージというより妄想になってきています（笑）。

もちろん、ランチで入ったレストランの店員さんがイケメンだったら、「声をかけられたらどうしよう？」などはお決まりのパターンです。現実的には、実現する見込みの低い勝手な妄想劇がそこから始まるのです。

将来をイメージ（妄想）することは、素晴らしいことにお金もかからないし（これは大事です！）、自分の好きなように展開できるので、楽しい趣味になっていますね。

第3章

第4章

㊙テクニックで借金返済をポジティブに乗り切ろう！

1 お金のダイエット！

さて、いよいよこれから借金を返済していくことになります。

人間は緊張した状態を長く続けることはできません。継続するコツは、気合を入れ過ぎないことです。そして、ダイエットを成功させるように、気楽に構えて続けることです。長い道のりになる人もいると思いますので、どうぞ気負わずにスタートしてくださいね。

ダイエット経験者であればよく分かると思いますが、急激に体に負担をかける無理なダイエットは続きません。無理して続けたとしても、やめてしまえばすぐに元に戻ってしまいます。いわゆるリバウンドですね。

ちなみにダイエットの語源は英語のdietに由来します。これはギリシャ語のdieta＝「生活様式」から転じたといわれており、「食生活」「食事療法」などの意味を持ちます。すなわち、ダイエットとは、本来の健康的な体型になるための食事療法、または食事そのものを指します。

お金に関して何かしらの問題を抱えている私たちにとっては、まさに「金銭的に健康になるためのダイエット」が必要ということになります。

さて、ダイエットを成功させるためには、続けることが何よりも大事ですが、それにはコツがあります。

そこで、私が借金を返済していく中で身に付けた、継続するコツを2つご紹介します。これは借金の返済やダイエットに限らず、何にでも応用できるはずです。

①習慣化する

一つは習慣化することです。それが自分にとって自然な状態になることが理想ですね。はじめて取り組むことであれば、とりあえず1週間やってみてください。最初の2、3日は慣れなくてぎこちなく感じるかもしれませんが、1週間くらいやってみると徐々に慣れてくると思います。

ポイントは、生活のリズムにうまく組み入れることです。毎日同じ時間に、同じように取り組んでみてください。忘れないように手帳に書いておいて、その時間になったらとりあえずやってみる。さらに1週間ほど続ければ、体が覚えてくると思います。1カ月も経つころには、すっかり生活の一部になっているでしょう。

もし、「ツライなあ……」と感じたら、リズムが合っていないのかもしれません。違うタイミングにしてみたり、疲れていないときなどで試してみたらいかがでしょうか。

②小さな成功を繰り返す

もう一つは、小さな成功を繰り返すことです。失敗すると「二度とやりたくない」と思ったりしますが、反対に成功すると、「またやってみよう」という気持ちになるものです。誰でも成功はうれしいものだと思います。小さな成功は、自分への自信につながり、前向きな気持ちになります。

ぜひ1回目の返済ができたら大いに喜んでください。次項からいくつかのテクニックをご紹介しますが、そのテクニックも、1回達成できるごとに自分を褒めましょう。

自分で自分にお金の制約を課すことは、なかなかできることではありません。だから小さな成功を自信に変えて、「やればできるんだ」ということを実感しながら続けてみてください。その気持ちが次の返済へのモチベーションにつながります。

1回ごとの成功を積み重ねていると、気が付いたら大きな目標が達成できるようになります。千里の道も一歩から、ですね。

2 給料日は機械的に返済

ここからは、具体的なテクニックをご紹介します。

まず、もっとも基本的なテクニックが、「給料日に返済する」というものです。

当たり前のことだと思うかもしれませんが、これがとても重要です。給料日当日は何も考えずに、「機械的に」返済を実行してください。

収入－返済＝支出

このことをしっかり頭に入れておきましょう。


お金があることが分かると、変に浮かれて、ついつい使ってしまうものです。私も何度もそうなりかけました。でも、まずは返済が第一です。残ったお金で生活していきましょう。

銀行では毎月の振込みを忘れないように自動で振込みをしてくれる「自動送金サービス」というものがありますが、手数料がかかります。例えば、私が利用している銀行では、１件あたりの送金金額が３万円未満の場合、振込み手数料３８０円＋取り扱い手数料１１０

円＝490円かかります。

振込みを忘れないための保険と割り切ればよいかもしれませんが、手で振込みをしたほうが安いのと、「ちゃんと返済をしている」という実感があるため、私は自分で振込みをしていました。


私にとって給料日は一大イベントでした。やることがたくさんあったからです。

まず、朝一番で会社のシステム画面にログインし、給料の金額を確認して、給料明細を印刷します。家に帰ってファイリングするためです。

次に、お昼休みに銀行のATMに行き、予定どおりの金額が振り込まれていることを確認。そこから、例の「弁済計画シート」を片手に、各債権者口座に振込みを始めます。全部で7社あるから大変です。間違えないように1社振り込むたびに蛍光ペンでチェックしていきました。

そして、すべての振込みが完了すると、その月の返済が完了したことになります。

これはものすごく達成感がありました。

私は、蛍光ペンでチェックされた行が増えていく「弁済計画シート」をいつまでも眺めながら、ニヤニヤしていました。達成感を味わっていたのです。「あと○回だ」と思うと、がんばろうという気持ちも湧いてきました。

返済はしたが、もし残りのお金で生活することが厳しいようであれば返済額を減らしてみるなど、調整するのも一つの方法です。

私の場合は、すでに各債権者と返済額の合意をしてしまったため、金額の変更はなかなかできそうにありませんでした。そこで、あるテクニックを使って生活費を減らしたり（このテクニックはあとで紹介します）、友だちの結婚式などで出費がかさみ足りなくなったときは、ダブルワークをしたりしました。週末などに、日雇いの仕分けや配達、お掃除の仕事をするのです。友だちから遊びや食事の誘いがあっても、断るしかありませんでした。生活がかかっていますから、生活費を稼ぐほうがもちろん優先です。

ここで重要なポイントは、「絶対に再借金はしない」ことです。ここでまた借金をしてしまっては、何も変わりません。とてもツライことかもしれませんが、グッとこらえてください。「目標シート」に書いた目的を再度確認し、視点を未来に向けてみましょう。

また、クレジットカードを持っているとつい使ってしまいますので、たくさん持っている場合には、1枚だけ残してあとは解約してください。

任意整理をすると債務整理の対象となるカードは使えなくなりますが、もし残しておけるものがあれば、1枚だけ残しておいたほうが、後々便利です。

任意整理後、数年間は信用情報機関に情報が残り、カードが作れなくなるからです。私も幸い1枚だけ残すことができましたので、それでカード払いに対応しています。

3 「紙に目標を書く」と年収に10倍の差!?

次に紹介するテクニックは、「定期的に目標を確認する」というものです。

「定期的に目標を確認する」ということは、達成したい目標に自分の意識をフォーカスして、ほかのことに移り気しないためにとってもとても大切なことです。いまの世の中は、面白いもの、魅力的なもので溢れていますので、ちょっと気を抜くと、別のものに惹き付けられて、いつの間にか目標を見失ってしまうことが少なくありません。

振込み後は、残り何回で支払いが終わるのか確認することを習慣としてみましょう。少しずつかもしれませんが、支払い回数は確実に減ってきているはずです。

私はいつも、手帳に「弁済計画シート」を挟んで持ち歩いていました。借金返済のために振込みに行く日以外でも、ときどきそのシートを眺めては支払いが完了したあとのことを想像していました。

「どんなに気分が晴れ晴れして、どんな新しい人生が始まるのだろう」と思うだけで胸が躍るようだったことを覚えています。

いま振り返っても、「紙に書き出した目標を定期的に確認する」という行為は、目標達成のために大いに役立ったと思っています。

「定期的に目標を確認する」ことの効果は、ある調査でも証明されています。

１９７９年、ハーバード大学で興味深い調査がなされました。ハーバード大学といえば、多くのノーベル賞受賞者を輩出していることでも有名ですね。

ある教授が、学生達に「自分の目標を持っているか？」という質問をしました。

結果は、
・目標を持っていない：84パーセント
・目標を持ってはいるが紙に書き出していない：13パーセント
・目標を持っており、紙に書き出している：3パーセント
というものでした。ハーバード大学の優秀な学生でさえ、目標を持っている人は全体の16パーセントしかいなかったのです。

それから10年後、その学生達に年収についての追跡調査を行いました。

すると、「目標を持ってはいるが紙に書き出していない」（13パーセント）グループの平均年収は、「目標を持っていない」（84パーセント）グループの約2倍でした。さらに驚くべきことに、「目標を持っており、紙に書き出している」（3パーセント）グループの平均年収は、残り97パーセントの何と10倍だったということです。

なぜそのような結果になったのでしょうか？　いろいろな解釈がありますが、「目標を持っており、紙に書き出している」という人たちの年収が際立って高かったのは、目的地

がいつも頭の中にあったからではないかと思います。

例えば、週末の土曜日12時に友人とある場所で会う約束をした場合、特に問題なくたいてい時間どおりに会うことができるはずです。当然のことのように思われますが、これも一つの目標達成です。「土曜日の12時にある場所に行く」という明確な目標を定めて、どういうルートで行くのか、何時に家を出ればいいのか、などといろいろ計画を立てます。そしてその計画どおりに実行します。すると約束どおりに会うことができるわけです。

近い将来のことであれば、忘れずに頭に入れておくことができるかもしれませんが、数年先のことになると、なかなかそうはいきません。忘れないようにしておく必要があります。

そのときに役立つのが、目に見える目標なのです。これをいつも持ち歩き、目に付くところに貼っておくなど、定期的に確認して、常に頭の中に入れておくということなのです。

さらに、人間の脳にはとても便利な機能があって、あることが頭の中にあり、常に意識していると、それに関連した情報を自然と探してしまう働きがあるのです。これを心理学用語で、「カラーバス効果」といいます。

例えば、占いで今日のラッキーカラーは「黄」と言われたら、その日一日は、街中を歩いていても自然と黄色のものに目が留まりませんか?

つまり、目標が常に頭の中にあると、それを達成するために必要な情報を自然と集めるようになるので目標が達成しやすくなる、ということですね。これを使わない手はありません。

「紙に書き出した目標を定期的に確認する」

さっそく今日からやってみましょう。

4 「ザックリ家計簿」をつける

家計簿をつけることは、自分の経済状況を把握するうえでとても重要です。しかし、多くの人が面倒で続かないのではないでしょうか。

そこで私がおススメするのは「ザックリ家計簿」です。ザックリとは、主食費がいくら、副食費がいくら、とか細かい区別は気にせず、とりあえずその日一日使った金額を全部書き出していくものです。

私はそれまで家計簿をつけたことがなかったのですが、どうしたら楽に管理できるのか、市販のものやエクセルベースの無料ソフトなどいろいろな家計簿で試してみました。家計簿の項目欄に沿って、細かく分けて書いていたときもありましたが、とても面倒で続きません。そこでとりあえず、ザックリした項目と金額を上から並べていくことにしたのです。

このとき必要なものはレシートです。買い物をしたらレシートをとっておくようにします。レシートを渡してくれない店員さんもいますので、「レシートをください」と笑顔で言って、もらうようにしましょう。キャッシュレスなら、履歴も確認できますので便利です。

家計簿は本屋さんなどに行くとたくさんのものが並んでいますが、これから始めるのであれば、シンプルなほうがよいと思います。100円ショップのものでも構いません。ちなみに私は、自作のエクセル家計簿で管理しています。

さて、「ザックリ家計簿」の手順ですが、次の3ステップで簡単に書けちゃいます。

①お財布に入っている金額を確認して、家計簿の「残高」欄に記入

②前日残高との差額を計算して、その日使った金額を「支出合計」欄に書く
③レシートを参考に、その日使った内訳を項目どおりでなくていいので適当な順番で書き出していく（コーヒー100円、ランチ800円など）

レシートをもらい忘れた場合などは、がんばって思い出してみてください。私もたまにあるのですが、一日の振り返りにもなって一石二鳥です。

どうしても思い出せない場合は、「不明」として、いくら使ったかだけ書いておきましょう。慣れてくれば、その金額を見ただけで何の買い物か思い出せるようになり、パズルみたいで面白いですよ。

ATMなどでお金を下ろしたら、明細も持ち帰るようにしてください。「収入」欄に引き出した金額を、「メモ欄」に口座残高を記入しておくと、いま現在いくら残っているのかが一目瞭然です。

うっかり家計簿をつけずに寝てしまったときは、朝出かける前にお財布に入っている金額だけ確認して、どこかにメモしておきましょう。私は、レシートを全部取り出してその

裏に書いています。朝はとても忙しいのですが、これくらいであれば、20秒ほどで済み、帰ってきたら、その日と前日の2日分の家計簿をつけることにしています。

家計簿を書き終えたら、一度眺めてみましょう。支出のうち、「これはいま買わなくてもよかった」「もっと安く買えた」などはないですか？

買い物依存症の人は、感情だけで買い物をする傾向があります。一時的にとても気持ちが盛り上がって「いま買わなくちゃ！」と思うのですが、必要ないものもあるはずです。

夜、落ち着いたときに、もう一度考えてみましょう。冷静な判断ができるはずです。そして、「今度、必要のないものを買ってしまわないようにするにはどうしたらよいか」を考えてみてください。

私の場合は、雑誌やショーウィンドーに並んでいる洋服やバッグを見るととても欲しくなってしまうので、雑誌を買わないようにし、用事がない限りはお店にも近づかないようにしました。

また、食後にコーヒーを飲むことが多いのですが、毎日コーヒーショップなどで買っていると高くなりますので、コーヒーを入れた水筒を携帯するようにしました。本当に飲みたくなったら、そのときはガマンせずにきちんとお金を調整して買うことにしています。

このように、何か一つでも気付いたら、早速明日から実践してみましょう。最初からできなくても大丈夫です。日々の繰り返しで、だんだんと身に付いてくるようになります。

継続は力なり、です。

5 お財布には「1日の支出額」だけ入れる！

「ザックリ家計簿」を1カ月くらい続けると、家賃や通信費などの固定費、食事会や結婚式などのイベント出費を除いて、自分が1日にだいたいいくら使っているのかが分かってくると思います。

私の場合は、洋服などの衝動買いをやめたので、大部分が食費でした。借金返済当時は、会社でのランチや飲み物、夕食費等で平日平均は1日1500円くらい。1カ月にすると3万円前後になりました。週末は変動がありますが、何も予定を入れなかったとすると1

日2、3000円で過ごせます。

このように、自分のお財布から出ていくだいたいの金額が把握できると、出費もコントロールしやすくなります。これで「ついつい使い過ぎてしまった」なんてことが防げるはずです。

自分の「基本的な消費パターン」と「1日の支出額」を把握しておきましょう。

これをベースに、イベントなどで特別な出費があるときは、前もっていくらかかりそうか確認しておきます。最初は、家計簿をつけ終わったあとに流れでやってしまうのがいいです。慣れてきたら、週末など時間のあるときに、1週間、1カ月分の確認をしましょう。

自分の「1日の支出額」が把握できたら、毎日、その金額だけをお財布に入れましょう。これは、使い過ぎを防ぐためです。

自分で使い過ぎないようコントロールできればいいのですが、借金のある人は、それまでの浪費癖からお金があればあるだけ使ってしまいます。もしかしたらこれは、浪費癖のない人でも少なからず経験していることかもしれません。

お財布にお金がないと分かっていれば、余計な買い物にも行きませんし、その中でやり繰りするようになります。私もいかに安くすませるか必死に考えるようになりました。

さらに、あらかじめお財布に入っている金額が分かっていれば、いまいくら使っていて、残りがいくらなのか把握しやすくなるので、管理が楽になります。ぜひ試してみてください。

注意が必要なのは、急な出費で本当にお金が必要になった場合です。銀行でお金を下ろす場合、時間内であれば引出手数料は無料ですが、時間外だと手数料がかかる場合があります。

メガバンクでも、ある一定の残高（10万円等）がある場合や給与振込み口座に指定すると引出手数料が無料になるサービスがありますが、借金があるときに10万円の残高を常に置いておくことはむずかしいですよね。

コンビニＡＴＭでお金を下ろしている人も多いと思いますので、コンビニＡＴＭ手数料が無料の銀行を利用するなど工夫してみましょう。

私は基本的にネット銀行でお金の管理をしています。

・コンビニＡＴＭでの引出手数料が無料

・他行宛の振込み手数料が月数回まで無料
・メガバンク等の普通預金より金利が高い
・目的別に複数の口座がネットで簡単に管理できる銀行もある
など、メリットがたくさんあるからです。みなさんも利用を検討してみてはいかがでしょうか。参考までに以下ご紹介します。

目的別に複数の口座がネットで簡単に管理できる銀行もある（＊1）

●NEOBANK（住信SBIネット銀行）
・「目的別口座」で用途に分けたお金の管理ができる（10個まで）
・提携ATM利用手数料（入出金）：月5回まで無料（＊2）
・振込手数料（住信SBIネット銀行および三井住友信託銀行の口座宛）：無料
・振込手数料（他行宛）：月5回まで無料（＊2）
※1　2021年12月末時点
※2　月末時点でスマート認証NEOの登録がある場合

6 お財布をキレイにする

次はお財布の中をキレイにします。

お財布はお金の家です。自分の部屋が散らかっていたり、いらないものがたくさんあったら、ちょっとイヤですよね。お金もきっと同じように思っていると思います。ギュウギュウに詰め込まず不要なものは捨てて、ゆったりくつろげる空間をつくりましょう。

ここで、お財布をキレイにするためのポイントを3つお伝えします。

①レシートを捨て、お札の向きをそろえる

「ザックリ家計簿」で使ったレシートなどは捨てます。そしてお札の向きをそろえます。私は、お札の肖像の顔を逆さまにせず、立つようにして入れています。よく、お金がすぐに出ていかないように顔を逆さまに入れるという話を聞きますが、もし自分が「逆立ちでいろ！」と言われたらイヤですよね？　自分にとってイヤなことは、お金に対してもしないようにしています。

②ポイントカードを捨てる

不要なポイントカードは捨てます。ポイントカードを持っている人は多いと思いますが、私はほとんど持っていません。「ポイントを貯めるために買い物をする」という、本末転倒になりがちなことと、管理が面倒だからです。

レジで「あれ？　ポイントカードどこにいったかな……」なんて探したりしていませんか？　時間の無駄です。ただ、毎日使うポイントカードであれば入れておいてもよいと思います。私もよく使うもののみを残しています。

そして、定期的に不要なカードがないか見直します。店員さんに言われてついついポイントカードを作ってしまうこともあるかと思いますが、しばらくしても使わないようでしたら、思い切って捨ててしまいましょう。

最近はキャッシュレス化の動きもあり、アプリをスマホに入れている方も多いかもしれません。保管も不要で便利になりましたが保有形態が変わっただけで用途が変わったわけではありません。アプリも不要なものは捨てましょう。

③お財布のクリーニング

中身の整理が終われば、次は外側です。汚れや傷がないか確認します。汚れがあればキレイにクリーニングしてあげましょう。

そして最後に、カバンの中に入れっぱなしにせず、別のところで休ませてあげます。一日働いてくれたお財布にも感謝してくださいね。

さて、お財布がすっきりすると、どこに何が入っているのかよく分かり、お財布にいくら入っているのかも把握しやすくなります。お部屋を掃除すると気持ちがすっきりするのと同じように、お財布の中をキレイにすることでも気持ちがすっきりする効果があると思います。

要は「不要なものは持たない」というマインドです。ぜひこのマインドを身に付けてください。買い物依存症の人は、必要ないものでも買ってしまうことが多いため、特に注意しましょう。思い切って捨てる気持ちが大事です。捨てないと、新しいものも入ってきません。役目が終わったことに感謝して捨てましょう。

7 「買い物リスト」で浪費はやめられる！

これまで好きなものを好きなだけ買っていた浪費家にとって、なかなかむずかしいのが、「必要以上に買わない」ようにすることです。

私も借金を返済してはじめて実感したのですが、買うことに慣れてしまっていると、買わないことに慣れていませんので、ついつい買い過ぎてしまいます。しかし、買わないことに慣れれば、買うことに慎重になり、浪費をやめることができます。

ここで、浪費をやめるためのポイントを2つお伝えします。

①「必要になったら買う」

まず、浪費をやめるための最初のポイントは、「必要になったら買う」ことです。

私がこれまでの買い物の中で一番多かった洋服や靴などについては、「いま使っているものが破けたり壊れたりしたら新しいものを買う」というようにルールを決めました。

以前は見えを張って新しい洋服やバッグ、靴などを買っていたので、借金返済当初はストレスを感じたりしました。ですが、生活がかかっていたのと、コーディネートや小物使いで何とかできるようになると、徐々に慣れてくるから不思議です。コストパフォーマンスのよいものを買う、という意識で、ものを見る目を養うこともできます。

こうして身に付けた習慣は、借金を返済し終わってお金を貯めるときにも、とても役に立ちます。

「必要になったら買い、ものを長く大切に使う」というマインドをみなさんにもおススメします。

②「買い物リスト」を作る

買い物に行くときに、買い物リストを作ることです。リストといっても簡単なメモで大丈夫です。私は、手帳や付箋などを使っています。

買い物リストには、あらかじめ次の項目を書いておきましょう。

・買うもの
・予算
・いつ

・どこで

「必要になったら買う」というポイントをお話ししましたので、「買うもの」はすでに決まっている状態です。

「予算」は、自分の家計状況を見て、出せる範囲で設定しましょう。そして実際に、その予算で収まるようにしてください。浪費癖がある人は感情を優先しがちですが、いかにコストパフォーマンスがいいものを買うかという視点を持つようにしましょう。

あとは「いつ」「どこで」買うかを決めますが、これは重要です。なぜなら、無計画な行動は無駄な出費を生みやすいからです。あらかじめ決めておけば、何かのついでに買うことができ、時間とお金を効率的に使うことができます。仕事帰りにコンビニに寄って、特に欲しいわけでもない雑誌やお菓子などを一緒に買うことも少なくなると思います。

書く内容については、「週末」「仕事の帰り」「新宿」などのようにザックリでもいいですが、できれば「○○のお店」などのように行くお店が決まっているといいです。

これは私が実際に経験して分かったことですが、より安いものを買おうといろいろなお店を回って、時間と電車代をかけて買い物をして、家に帰ってきたときにはクタクタ……。

でも、よくよく考えてみたら、ほんの数百円しか違わないもののために時間とお金を無駄にしていた、ということがあったのです。

それからは、洋服を買うならこのお店、靴を買うならこのお店、食料を買うならこのお店、というように、自分の好きなテイストのお店を2つ、3つ決めておいて買い物をするようにしました。

いろいろなお店の商品を見るとつい買いたくなってしまう人にとっては、とても効果的だと思います。

8 「一所懸命働く」が基本

借金を返すための一番の基本は、一所懸命働くことかもしれません。自分ががんばって働き、その対価として給料がもらえる――。当たり前のことかもしれませんが、お金の大切さを身をもって実感できます。

一所懸命働いていれば、得られるお金も増えるし、幸か不幸かお金を使う時間もなくなります。過去の借金を後悔している時間もないので、いいことずくめです。

暇がなくなればお金は使えない。暇があるから余計なものを買ってしまうのです。

私の友人に、仕事が忙しく休みなく働き、1年経ったときに銀行口座に100万円くらい貯まっていたという人がいます。逆に、毎日残業がなく、定時に帰っていた友人は、時間があるのでショップなどに寄ってついつい買い物をしてしまい、いつもお金がないと嘆いています。

私は以前、借金返済のために年収アップを目指して転職したことがあります。借金漬けだった当時、土日もなく働いていた時期があり、それなりの収入はあったのですが、もっと早く借金を返したいと思い、給料水準が高いと聞いていた別の業界に、思い切って転職することにしたのです。

しかし、入社したものの、業界用語が飛び交い、周りの人たちが何を言っているのかさっぱり分かりません。最初は言葉を覚えるので精一杯でしたが、半年たつころには慣れてきました。そして独り立ちできるようになったころには、3年が過ぎていました。

肝心の給料については、採用時は前職の年収と同じくらいだったのですが、ベースアップのペースも速く、会社の業績が良ければボーナスも以前より多くもらえました。

もちろん、毎月給料日には返済をして、残りの返済回数をカウントし、目標を確認することは忘れていません。

いま振り返ってみると、私の中では「借金の返済に努力した3年間」であり、「仕事に一所懸命だった3年間」でした。

自分が一所懸命になれる仕事に打ち込んで、そのうえで目標が達成できるのであれば、これほど素晴らしいことはないと思います。

Column

競馬場の帰り道で馬刺しを食べる!?

　ギャンブルの一つに競馬があります。女性は少ないのですが、男性はギャンブル依存症にまでなってしまう人もいます。以前お付き合いをしていた彼は、依存症とまでは言いませんが、競馬がとても好きで、毎週末には競馬場通いをしていました。当然、貯金もありません。

　ある時、重賞レースがあるということで競馬場に連れていってもらったことがありました。はじめて行った競馬場は、広くて人もたくさん。とても活気に満ちていました。レースが始まる前には、パドックという小さなトラックで出走馬を見ることができるのですが、きれいな毛並み、つぶらな瞳に私は釘付けになってしまいました。

　いよいよ、レースのスタートを予告するファンファーレが場内に鳴り響きます。すると、観客は小さく丸めた競馬新聞の筒をたたき出したのです。大勢の人が一斉にファンファーレに合わせるその様子は、まさに「お祭り！」。何もかもがはじめてで、とても新鮮でした。

私も数百円だけ賭けましたが、結果は惨敗。彼も馬券を空中に放り投げていたので、当たらなかったのでしょう。

競馬場を後にするとき、私はとても新鮮で面白かったことを彼に伝えました。彼もうれしそうに「4コーナーを回るときの地響きと迫力がすごいんだよ」とか「ゴールを駆け抜けた後の馬体から立ち上がる湯気が……」など、サラブレッドの美しさや競馬というスポーツの魅力について熱弁を振るい始めました。

そして帰り道、食事をするために居酒屋に入り、彼のオーダーに耳を疑いました。

「馬刺し、ください！」

「え？　馬刺し!?」

さっきまで、あんなに馬の魅力について語っていたのに……。

競馬で生活費を浪費するという行為を正当化するために、彼は私に馬の魅力を語っていたのでしょうか。その後、彼と別れたことは言うまでもありません。いまでも馬刺しを見ると、当時を思い出して切ない気持ちになります。

第5章

借金を完済したら世界が変わった！

1 借金完済後は、ものスゴイ達成感！

待ちに待った最後の返済日。

いつものATMから最後の振込みをして、「弁済計画シート」の最終行を蛍光ペンでチェックした瞬間、すべての行が蛍光ペンで染まったそのシートは、大きな達成感と満足感に満ちた私の宝物になりました。この日のことは一生忘れることができません。

「これでやっと、借金から抜け出せた！」

返済を続けた3年間。

残りの返済回数を指折り数え続けた日々。

生活が苦しく、何とか生活費を捻出しようと知恵を絞って工夫してきた日々。

頭の中は返済のことで一杯だったけれども、会社には普通の顔をして行き、バレないように仕事をこなしてきた日々。

ついつい買い物をしてしまわないように、目標を何度も確認して自分を律し、どうしたらお金を節約できるか、どうしたらお金を増やすことができるかを考え続けた日々。

——すべては、この日のためにやってきたことなのです。


思い出せば切りがないほど、いろいろなことが湧き上がってきます。

何より、よく晴れ上がったその日の空の色は忘れることができません。

振込みはいつも会社近くのＡＴＭ。ビルとビルとの細い抜け道を通るたび、狭い空を見上げながら心の中でつぶやいていたのです。

「あと何回、この道を通らなければならないのか」

その日も、狭い空を仰ぎ見ました。一つだけいつもと違っていたのは、空の色がきれいな青だったこと。いまでも青い空を見るたびに、私はあの日のことを思い出すのです。


そして安心感が私を包んでくれました。

借金を背負っているかいないかで、人の気持ちは大きく違ってきます。借金をしているときは、どこか負い目を感じていて、何をするにも自信が持てませんでした。自分はダメな人間だと思い、ツライから何とかしたいけれども誰にも相談できず、人知れず不安を抱えているのです。

しかし、完済したとき、まったく違う人間のように、気持ちが晴れ晴れとしていました。目標を達成できたことで、自分に対する自信につながっていたのだと思います。

これだけ努力してやり遂げたのだから、ほかのこともできるかもしれない。そんな前向きな気持ちになりました。

ちょうど、「マイナス」の世界から「ゼロ」の世界にきた感じです。「ゼロ」の世界は、まったく見え方が違っていて、見える景色も違っていました。

これから借金を返済しようとしている人も、ぜひこの達成感を味わって、新しい世界を見てほしいと思います。

2 ツライ経験をバネに成長する!

いつもひとりでいるとき、何を考えていますか?

私はいつも借金のことばかり考えていました。どうしたらもっと楽にやり繰りができるか。その時間を合計したら膨大な時間になると思います。大切な人生の時間を、お金のことを心配するために使ってしまっていたとは、もったいなかったなと、いまになってあらためて感じます。

たまに電車の中で債務整理の広告を見かけると、目を留めずにはいられません。あのとき、広告を見て専門家に相談して本当によかった。いまでもたまに目にすると、はじめて司法書士事務所を訪ねた日のことを思い出します。

もし借金で私と同じように苦しんでいる人がいるのなら、一刻も早く希望の日が訪れてほしい。私は経験者として、切にそう願っています。

いまは、会社に行くとき、借金のことを考えずにすみます。電車の中では、仕事の内容をあらかじめ考えておくこともできます。こうした準備ができれば、もっと効率的に仕事ができて、多くの仕事をこなせるようになり、評価につながるはずです。給料も上がる可能性が高くなるでしょう。そうなれば、いいスパイラルができます。

第5章

友だち付き合いにおいても、以前は会っていてもどこか心から楽しめていない自分がいました。何をするにしてもお金がかかるからです。

友だちの誘いを経済的理由で断ったこともあり、いつも「ごめん……」という気持ちでした。でも、いまでは喜んで参加することができるし、自分から誘うこともできます。

また、たまに友だちからお金に関する相談を受けることがあったのですが、いつも申し訳なく感じていました。そもそも借金がある身では、資産や投資について正しく語れる資格がないと思っていたからです。もちろん、私が知っている限りのことは伝えようと努力していましたが、不十分でした。

でもこれからは、自分でも積極的にお金のことを勉強できます。どうやってお金を貯めるのか、どうやって投資をしてお金を増やすのか。やっと「ゼロ」地点に立てた私は、ここからスタートできることにとても喜びを感じていました。

そう思うと、自分を取り巻くこの世の中も、まったく違って見えてくるから不思議です。これまではあまり興味のなかった経済や投資などの情報も、自分がアンテナを立てれば積極的に吸収することができる、とてもすばらしい環境だと気付きました。

人によって状況はさまざまだと思いますが、このような喜びを、ぜひあなたにも感じてほしいと思っています。これまでお金に苦労してきた人は、お金に振り回される人生の大変さを、身をもって知っているはずです。ときには人間関係にも及び、人生をも狂わせてしまいます。

そのようなツライ経験をしてきたあなただからこそ、お金について学ぶ資格があると思います。そして、その経験をバネに大きく成長することができるはずです。

3 恋愛や結婚に積極的になれる

あなたが好きになった人に、借金があると分かったらどう思いますか?

ある日、あなたの恋人が、借金があることを打ち明けてきたらどうしますか?

きっと、「この人とは付き合えない」と思って、一気に信用できなくなってしまうのではないでしょうか。中には、だまされたと思って怒り出す人もいるかもしれません。

私は本当の自分を知られるのが怖くて、恋愛に対してとても積極的になることなどできませんでした。声をかけてくれる人がいても、誰かを好きになったとしても、自分からは行動できませんでした。本当につらかったです。

「借金さえなければ……」といつも思っていましたが、自業自得なので、自分でその報いを受けなければならなかったのです。


いまあなたに借金があるとして、あなたの恋人にそのことを伝えていない場合を考えてみましょう。

「いつかは言わなくちゃ」と思いながらも、なかなか言い出せずにいます。後ろめたい気持ちはあるものの、何となく過ごしているうちにプロポーズされました。借金のことをもちろん言ったほうがいいけれども、「別れる」と言われるかもしれない……。

借金の返済についてネットで検索していたときに、このような状況で悩んでいる人がたくさんいることを知りました。これは本当にツライ状況です。でも、自分で作り出してしまったものですから、自分で何とかしなければなりません。別れて自分で何とか返済していくのか、一緒に支え合って解決していくのか。ただ、買い物依存症となれば、後者の確率は低いでしょう。

このような状況にならないように、いまから計画的に返済をしていきましょう。借金があると分かっただけで、信用は一気になくなります。自分でコントロールすることができない無計画な人間だと思われるのです。

でも、信用はまた積んでいけばいいのです。

「いつまでに」「いくら」返していくのかという明確な目標のもとに計画を立て、それを確実に実行していきましょう。信用は取り戻せます。

私も、いまでは過去とは違って人生を心から楽しめるようになり、友だちからも「何か変わったよね」と言われるようになりました。余裕が出てきたからか、自然に表情が明るくなり、態度にも自信が表れてくるようになったのでしょう。

より行動的になり、休日にもいろいろなところに出かけて、たくさんの友だちを作るようになりました。

それはプライベートだけでなく、仕事面にも波及していきました。きっと顔にも出ていたのでしょうね。以前はちょっとしたことでもすぐに腹を立てていましたが、いつしか笑顔が増えていきました。そうすると人間関係も自然とよくなってきます。いいスパイラルができてきたのでしょう。

借金を返済すれば、その後の人生をやり直すことができるのです。新しい人生が始まるのです。あなたも借金完済をやり遂げて、ぜひ新しいスタートを切ってください。

特に異性関係にとって、借金は大きな壁ですから、身軽になってそれを乗り越えていきましょう。

4 給料日が楽しみになる

これまで憂鬱だった給料日。振込みを忘れてはいけないと、前日から何度も手帳や「弁済計画シート」を確認してはピリピリし、当日もお昼の振込みのために準備万端で臨んでいました。その日は同僚とのランチの約束も入れず、お昼休みになるとそそくさとATM

に行き、ものすごい勢いで振込みをしていました。それが終わるとお弁当を買って、残りの時間でデスクランチです。

毎月×3年ちょっと＝41回。給料日の振込みは、もうすっかり習慣になっていましたが、もうそんなことをしなくてもいいのです。これは本当に解放感がありました。

給料日前になると、「あー、早く給料日にならないかなー」という声を耳にすることがありましたが、ちょっと複雑な気持ちでした。もちろんお金が入ってくるのはうれしいのですが、「その日にやらなくてはならないことがある」と思うと気分が重たかったのです。そんなふうにちょっとイヤな感じだった給料日が、純粋に喜べる日となったのです。周りの友だちと同じように、給料日が待ち遠しく思える――。

銀行のキャッシュカードには、振込みに使う債権者7社の口座情報を登録していましたが、それももう必要ありません。二度と使うことはないからです。振込みのたびに毎回取っておいた振込み明細も、もう増えることはありません。

ちなみに、すべての返済が完了したとき、司法書士事務所からは特段何の連絡もありませんでした。自分は「やったー！」とテンションが上がっている状態でしたので、その気持ちを理解してくれる相手が欲しくもあり、完了連絡くらいくるだろうと思って期待していたのですが、特になし。ちょっと寂しかったですね。

いまでは、自身のサイトやブログで借金の返済体験記などを公開している人もいますから、だいぶオープンになってきたのだと思いますが、まだまだそういう人ばかりではないと思います。借金の悩みを自分ひとりで抱えてしまっている人は、とてもツライ思いをしているでしょう。周りの人に言えないのであれば、どこか公共の機関でもいいので誰かに話してみてください。きっと少しは気持ちが楽になると思いますよ。

さて、これまで忙しかった給料日ですが、借金返済後はもう返済をしなくていいのですから、単純にやることが減りますね。私はそのことにちょっと戸惑いを感じました。

確かにうれしいことなのですが、これまで当然のようにしていたことを突然やめたら、どのように思いますか？　いままで走っていたのに突然「止まって！」と言われたら、「そんな急に止まれないよ！」と思いますよね。そんな感じなので、なんだか違和感があったのです。

そこで私は考えました。「これからどうしよう？」と。

5 借金を完済したら「目的」を確認しよう！

「借金を返済するために計画」を立てるのと、「お金を貯めるために計画」を立てるのとではどちらが楽しいと思いますか？　いうまでもなく、後者のほうが楽しいですよね。

ですが、世の中には借金はないけれども、お金を貯めることが苦手で、なかなか実行できない人がたくさんいます。ちょっとがんばれば貯められるのに。私も借金地獄にはまっていたので、偉そうなことはいえませんが、いまでは、とてももったいないと思います。

そういう人に比べ、借金返済経験がある人はとても有利だと思うのです。だって、借金返済よりも、断然ラクですから。人は楽しいことであれば続けやすい。この有利な立場を利用しない手はないです。

もしちょっとでもつらくなったら、借金を返済していたときのことを思い出せば、きっ

第5章

と「あのつらさに比べたら比較にならない」と思うはずです。

これまでは、将来のことなど考える余裕もなく、ひたすらいまある借金を何とかしなければならない一心で取り組んできたと思います。いまも不安なのだから、将来なんてもっと不安、全然分からない、私もそう思っていました。

しかし借金を返し終わるといまの不安は取り除かれて、将来に対する不安もだいぶ小さくなります。これからのことを考える余裕が生まれるのです。

私はこれまで3年間以上、返済のためにいろいろとガマンしてきました。友だちからの遊びの誘いや旅行など、やりたかったことがふつふつと心の中に湧き上がってきました。これもしたい、あれもしたい。とにかくがんばった自分にご褒美をあげたい。パーッと海外旅行にでも行きたい気分でした。

でもそのとき、以前に書いた「借金を返す目的」を思い出したのです。

「お金に縛られない人生を送るため」

――そうでした。借金は返し終わりましたが、まだ「目的」を達成していません。次のステップに進まなければならないのです。危うくまた元の自分に戻ってしまうところでしたが、「目的」を再確認することで、気持ちを切り替えることができました。

あなたも、返済が終わったときにはもう一度「目的」を確認してみてください。きっと新たな気持ちでまた取り組むことができると思います。


いまの私に必要なのは次の行動を決めること。「お金に縛られない人生を送るため」に、自分がお金をコントロールできる立場にならなくてはなりません。お金がないことで自分のしたいことが制限されないよう、お金を準備する必要がありました。


借金を返したばかりでまったく貯金もない状態ですから、まずはお金を貯めるところからスタートです。

そこで、「急に仕事がなくなったときのための生活資金」と、「これから投資をするためのお金」を貯めることを決心しました。こういうことを考えているときはとても楽しいですね。以前の私と比べたら、数倍も成長しているように感じます。

ぜひ、あなたもお金のことを心配する日々から、お金のことを楽しんで考える日々に変

第5章

えていきましょう。

6 借金を返済した人ほどお金を貯めやすい

さて、借金を返済したあとに「お金を貯める」という目標ができました。次は、それをどうやって実行するか、です。

じつは借金返済中からうすうす気が付いていたのですが、「完済したあとも、返済するためのお金をこのまま自分の別の口座に移し替え続けていけば、お金が貯まっていくのではないか？」そう思っていたのです。

「借金返済」と「貯金」。

呼び方は違っても、やっていることは同じ。毎月一定の金額を返済に回すか貯金に回すかの違いだけです。言い換えれば、振込み先を債権者にするか自分にするかの違いだけ。すでに返済をしながら生活はできているのだから、突発的な出費がない限り、いままでどおりです。

これが、これから新たに貯金を始めようとしている人との大きな違いです。

借金の返済を経験している人であれば、すでに習慣ができているので、そのままスムーズに貯金に移行できるはずです。


逆に、とてももったいないのは、借金が返済できたからと安心してしまい、返済に充てていたお金を使ってしまうことです。

「やっと終わったんだから、ちょっとくらいいいよね」

と思って、1回のつもりがそのままずるずると浪費しかねません。

人間は基本的に楽をしたい生き物です。特に買い物依存症や浪費癖などで借金をつくった人は、ちょっとのつもりがその誘惑に負けて元の状態に戻ってしまう、という恐れがあります。くれぐれも注意してください。

これからまた借金漬けの人生に戻るのはまっぴらですよね？

これまでの習慣をつくるだけでも大変だったと思います。せっかくなので、このまま「返済」から「貯蓄」に方向転換してみましょう。

第5章

もちろん、毎月の金額は目的に合わせて自分で調整すればいいのですから、無理をする必要はありません。私も借金返済時は金額を決められていましたから、続けるのが結構キツかったのですが、いまは自分で調整できます。

常に厳しくしていると長く続きませんので、たまには少し自分のために使ってみるなど、バランスを取っていきましょう。

Column

ご褒美は海外旅行!?

女性は、自分にご褒美をあげるのが大好きです。

借金返済後の自分へのご褒美について、じつは返済が完了する何カ月も前から考えていました。「海外旅行に行きたい！」などと考えていたくらいです。そして、どこに行こうかあれこれ思いを巡らして、借金完済までの数カ月を過ごしていたのです。しかも、「航空券を手配するとなると、何カ月も前から準備しなくちゃ！」なんて浮き足だっちゃって。恥ずかしいですね……。

本当に私の悪いクセですが、妄想が膨らみだすとなかなか止まりません。特に楽しいことならなおさら。みなさんも経験がありませんか？

でも幸いなことに、目的を再度確認したおかげで、海外旅行は中止！　結局ご褒美はどうしたかというと、会社の帰り道にケーキを買って家で食べました。

これはこれでよかったです。全然何もないよりは、何かしらの区切りとなる行動があったほうが、実際に感じる満足度は高いかもしれませんね。

第6章

借金返済を応用して貯蓄習慣を身に付けよう!

この章では、借金返済時とはまた違った、お金を貯めるときの「マインド」や「ヒント」をいくつかご紹介していきます。

1 お金が貯まらない理由は何ですか？

さて、ここからはお金を貯めるための習慣についてお話ししていきます。

ここでも、考え方が大事になってきます。考え方が変わらなければ、何をやっても意味がないからです。

第2章第5項でマザー・テレサの言葉を引用しながら「考え方が変われば人生も変わる」とお話ししたとおり、考え方が変わらなければ行動を変えることはできません。

雑誌や本などでは、お金を貯めるためのたくさんの節約術が紹介されています。そのような節約術を「試してみた」という人もいるかもしれませんね。でも中には、「やってみても続かなかった」「やっぱり使ってしまった」という方もいるのではないでしょうか。

それは、行動だけマネしていて、考え方が変わっていないのが原因です。考え方が変わっていないので、行動が定着しないのです。行動する意味が深く自分の中で理解できていないと、それを実行する意味が見出せず、途中でやめてしまうのです。

第2章で「借金返済のために必要な考え方」をご紹介しましたが、これを「お金を貯めるために必要な考え方」に置き換えてみましょう。

「お金が貯まらない理由は何ですか？」

借金を返済して、これからお金を貯める人には該当しませんが、借金がなくていま貯金がない人は、はじめに「なぜお金が貯まっていないのか？」、その理由を自分で理解する必要があります。こういう時には「なぜなぜ5回」を使いましょう。

例えば、

①なぜお金が貯まらないのか？→貯めたお金を使ってしまうから

②なぜ貯めたお金を使ってしまうのか？→……

というふうに、「なぜ」を5回繰り返してみてください。大事なことは、自分で問題を分析することです。人によって理由は違ってくると思いますし、そこではじめていままで気が付かなかったことが見えてくるかもしれません。それを問題解決の糸口として解決方法を考えていきましょう。

「お金が貯まっていたら、どんな人生になっていますか？」

もっとお金があったらなぁ、と思う人は多いと思います。あなたは、もし過去にお金があったらそれで何をしていましたか？

お金がないことであきらめたことも、これまで一つや二つはあったはずです。留学や旅行、起業など、何かをするにはたいていお金がかかります。「先立つものがない」と言ってあきらめていたこと、それをもしできていたとしたら、あなたの人生はどんなふうになっていたでしょうか？

ここでのポイントは、過去を振り返って痛みを感じることです。人はイヤだと感じたものは避けるようになりますから、ここで「お金がなく、思うような人生になっていないこと」に痛みを感じてください。次からはそれを避ける行動を取りやすくなります。

「今日からが新しいスタート」

本書を読んだこの瞬間からあなたの新しい人生が始まります。もうあなたは、いままでのあなたではありません。いまからお金が貯まる人に変わるのです。

過去を振り返って感じた痛みを、今度はエネルギーに変えて、これからの行動に移していきましょう。

2 貯金の「目標」を明確にする

お金を貯める場合でも、借金を返す場合と同様に、目的の明確化が必要になります。第3章で「借金返済を始める前に準備すること」を説明しましたが、これを「お金を貯める前に準備すること」に置き換えて考えてみましょう。

①いま、お財布にいくら入っていますか?

借金を返済し終わった人はもう言えますね。言えない場合はいますぐ確認してみましょう。

第3章第2項では、お財布の中身を把握することの重要性について書いていますので、合わせて読んでみてください。

②現状を「見える化」する

第3章第3項では、家計状況を把握するために、家計資産状況表をご紹介しました。資産と負債を確認して、この家計資産状況表を早速作ってみましょう。借金を返済した人も、ここで一度内容を更新してみましょう。負債が減ったことが目に見えて分かると、とてもうれしいものです。

③「目的」を明確にする

「目的」を明確にすることは、お金を貯めるうえで一番大事なことです。これが計画を立てるうえでの出発点となります。

「急に仕事がなくなったときの生活資金」のためなのか、「老後の生活資金」にするためなのか、または「学校に行くための学費」なのか、「旅行代金」なのか……。

あなたの「目的」をここではっきりと言葉にしておきましょう。

④「目標」を決める

「目的」が明確になったら、次は「いつまでに」「いくら」貯めるのかを決めます。ここでのポイントは、細かい数字にはこだわらないで、とりあえず仮でも決めることです。決めないことには先に進めませんし、決めた数字が実行可能かどうかはやってみないと分かりません。やってみて、「ちょっと厳しいな」「もうちょっと増やしても大丈夫かな」と思ったら調整してみましょう。

⑤「目標シート」を作成する

「目的」と「目標」が決まったら、目に見えるようにすることで意識しやすくするために、それを書き出して「目標シート」を作成してみましょう。さらに、それを持ち歩いて常に確認できる状態にできれば意識に浸透するので、目的を達成する確率が高くなります。

第3章第6項で「目標シート」の書き方について紹介していますので、参考にしてみてください。

⑥「本物の目標」にする

途中で簡単に挫折しないよう、「本物の目標」にします。

第3章第7項の2つの質問に答えてみてください。

一つは「この目標を達成できなかったら、どんな人生になってしまいますか?」という痛みを感じる質問。

もう一つは「この目標を達成できたら、どんな人生になっていますか?」という快楽を感じる質問です。

人間は感情の生き物で、イヤなものは避け、自分にとって心地よいものを選びます。目標を達成したときの快楽をイメージできれば、無意識にそれにつながる行動をしやすくなりますよ。

第2章第5項で紹介したマザー・テレサの言葉も読んでみてくださいね。

3 欲しいと思ったら2週間寝かせる

買い物依存症だった私が一番苦労したのが、買い物をいかに減らすかです。

買い物依存症は、結果的に「買い物」という行動に至る「ある種の思考パターン」が習慣化したものと言えます。習慣を変えることの大変さは、多くの方が実感されていることでしょう。この「ある種の思考パターン」を変えるために、ここでは別の習慣を身につける方法として私が実践した方法をご紹介します。

私の場合は洋服や靴、エステ、美容機器などの買い物が多かったので、生活必需品以外は、頭で考えなくてもいいように、次のようなルールを決めました。

①欲しいと思ったら1週間寝かせる

この時点では、「買う」という選択肢も残っていますので、そこまで心に負担を感じません。心の底では「買ってやろう！」と鼻息が荒い状態ですね。

第6章

②1週間後、まだ欲しいと思うか確認する

一時的な気持ちで欲しいと思ったものは、だんだんと気持ちが薄れていきますが、まだ油断はできません。もう1週間待ちます。

③2週間後、まだ欲しいと思うか確認する

2週間も経てば、相当気持ちが薄れています。まだ買いたいと思っていれば必要なものだと判断して買います。

私は買いたいという気持ちが強く残っていたので、最初は1カ月くらい待ちました。1カ月も経つと、たいてい忘れているものです。欲しいものが次から次へと湧いて出てきましたが、買わなくてもいいものはだんだんと忘れていきました。

慣れてくれば、寝かせる期間を短くしても、自分で本当に必要なものかどうか判断できるようになります。

買うと決めたら、「買い物リスト」を作成して（第4章第7項参照）、買い物に行きましょう。

この方法で、特によかった点は、
①買ったものを、使用しないということを避けられた
②買い物をするとき、効率的に時間が使えるようになった
③ものを大事にするようになった
ということです。

例えば、これまでは服を買うにしても、休日丸々一日を使ってたくさんのショップ巡りをして、自分がいいと思うもの、自分に似合うものを探し求めていました。

それをやめて、具体的に自分はどんなものが必要なのか、イメージがついてから買うことができるようになりました。

「もう一枚明るい色のカーディガンがあれば、手持ち服のコーディネートの幅が広がる」など、具体的な利用シーンがイメージできれば実際に買うでしょうし、買いたいものが決まっていれば、素敵な洋服が多くて目移りして買う物を決めるだけで何時間も費やしてしまう、ということも避けられます。

第6章

さらに、ものを大事にするということにもつながります。

いままで私は、自分の感情の矛先として買い物をしていましたので、ものが必要だから買っていたわけではありませんでした。ですから、買っても使わずに処分してしまうことが大半。とてももったいないことをしていたと思います。

最近でこそ、持続可能な社会、循環型社会を目指す動きが活発になっていますが、それでもまだ毎日たくさんのものが作られ、消費されていると思います。街に出れば、食べ物や洋服、雑貨などが溢れていますよね。このような状況では、ものを大切にするという考えが希薄になりがちですが、だからこそものを大切に扱っていきたいといまでは思いを改めました。


ものを大事にする習慣ができてくると、それを捨てるときにも感謝して捨てることができるようになります。

「こんなにクタクタになるまでありがとう」

つい最近も、そうやって役目を終えた一枚の服を捨てました。

本当に私たちにとって必要なモノは、そんなに多くはないのではないか。私はそう思うようになりました。

私も女性ですから、きれいに飾り立てたり、オシャレをしたりすることは大好きです。でも、たくさんのもので飾り立てなくても、あるものだけで工夫できるのです。もっといえば、その人自身が魅力的であれば、何も外見を飾り立てなくてもいいと思うのです。そう思えるようになったのは、ごく最近ですが……。

4 「ザックリ家計簿」で家計を見直す

次に、1カ月のだいたいの支出を把握して、家計を見直します。

第4章第4項で、「ザックリ家計簿」を紹介しましたが、現在家計簿をつけていない人は、この内容に入る前に、まずは「ザックリ家計簿」から始めてみましょう。

家計簿を2、3カ月続けるころには、自分が1カ月にだいたいいくら使っているのか分かるようになると思います。そこで次は、ザックリと「何に」「どのくらい」使っているのかを把握します。

これが分かれば、家計を見直すことができます。「何が無駄か」「もっと削れるところはないか」など、毎月の貯蓄額を除いても生活できるようにするためにできることがないかを探すのです。


まずは、次のような「支出に占める金額が大きいもの」から確認していきましょう。

・固定費……家賃、保険料、公共料金、通信費
・変動費……食費、光熱費、交際費、その他

固定費とは、毎月一定額、または、ほぼ同水準で定期的に発生する費用のことです。

変動費とは、生活における活動度合いによって変動する費用のことです。各人の生活様式によって異なると思いますので、ほかにも思い当たるものがあれば挙げてみましょう。

さて、いくらあったか分かりましたか？

これらの項目を数カ月分見てみますと、それぞれに毎月いくら使っているのかが何となく分かってくると思います。そのうち、「これもっと減らせないかな？」と考え出すはずです。具体的な数字が分かってくると、考え方も行動も具体的になってきます。

「節約するときには固定費から見直していきましょう」と本やサイトなどによく書いてありますが、それはそのとおりだと思います。一度見直せば、定期的な費用なので、一回の努力だけで年間の支出をコントロールできるからです。

固定費を見直したら、次は変動費を見ていきましょう。食費などは一番減らしやすいところだと思うかもしれませんが、極端な減少は継続しないので、バランスを見ながら調整していきましょう。

浪費しがちな人は、特に変動費のうち、何に一番お金を使っているのかよく把握しておきましょう。それは本当に必要なものだったのか、ここで考えてみてください。もし必要でないものであれば、来月から意識して減らすよう心がけます。具体的に数字目標を立ててもいいですね。

第6章

私の場合、任意整理をする前から、毎月の返済額を増やそうと固定費や変動費についてはだいぶ見直していました。引っ越しをしたり、保険の見直しをしたり、毎日自炊したり、交際費も大きく減らしました。

借金を返済したいまでは交際費にも比重を置いていますが、月によって抑えたり、ほかの項目と調整したりしてバランスをとるよう心がけています。

そのときどきに調整して、自分の負担にならないようにしていけば長く続けられると思います。

5 給料日に貯蓄額をキープする

給料日には、何はともあれ、まずは貯蓄額を別にしておきます。これはお金を貯めるうえでもっとも重要なポイントです。

収入－貯蓄＝支出

この式をしっかり頭に入れておきましょう。

これから貯蓄を始める人は、最初は忘れないよう手帳などに書いておきましょう。第4章第2項では「給料が入ったら第一優先で返済をする」と書いていますが、お金を貯めるときにも同じことがいえます。

「給料が入ったら第一優先で貯蓄をする」

私はこれまで、借金返済のために、いの一番に返済をしてきたので、当然、返済したあとに残ったお金で生活してきました。返済が今度は貯蓄に変わりましたが、やっていることはそんなに変わっていません。この場合でも、貯蓄額をあらかじめ別の口座に移しておいて、残ったお金で生活していきます。

これまで借金を返済してきた人であれば、その返済額を除いても生活できることが分かっていますから、これまでどおり実行すればいいだけなのです。

貯蓄額は「目標シート」に書いてある金額なので、それを引き出せばいいのですが、問題は残った金額です。この金額で生活していくためには、前項で確認した固定費と変動費を足した金額とほぼ同額でないとむずかしいことになりますね。

第6章

もし足りないようなら、変動費で調整していきます。

固定費は、その性質上すぐに変えることはできません。ですから、生活費が足りない状態が何カ月も続くようなら固定費の見直しをしてみてください。

それをやってもまだ厳しい場合には、最終的に貯蓄額を調整しましょう。貯蓄額を変更した場合には「目標シート」も合わせて更新してください。

貯蓄額を減らしても、「あぁ、やっぱり自分はなかなか貯金できないのかなぁ」なんて思う必要はありません。

最終的には、1万円でも5000円でもいいですから、貯蓄をし続けていくことが大事です。当初の想定より時間がかかってしまったとしても、続けることが自信につながります。やり続ければ必ず目標は達成できますよ。

また、カードで買い物をしたときには、必ずその分のお金を取っておきましょう。カードでのショッピングは一時的にお金を借りることになりますので、「借金」です。自分のお金ではありませんので、その分は特に意識するようにしましょう。

ちなみに私は、給料が振り込まれる銀行のほかに、ネット銀行の口座を使っています。生活費など（食費、公共料金などの引き落とし、カードの支払い代金、その他雑費等）は給料振込口座に残したままにして、貯蓄や投資資金、家賃などはそれぞれの金額が分かるように目的別口座のあるネット銀行の口座に移しています。

口座もWeb上で簡単に作れますので、ほかにも旅行費用や父への仕送り用などを作ったりしています。さらに口座ごとに目標金額と期限を設定できますので、まさに「至れりつくせり」。

現在家賃は口座振込ですが、ネット銀行なら振込手数料が無料のところがいくつかあるので、ここでも節約できています。

ネット銀行については自分の用途に合ったものを調べて、使い勝手を確認してみてください（第4章第5項参照）。

第6章

6 時間の使い方で支出が減る！

時間を計画的に使って、予定外の支出を減らしましょう。

身近な例として、旅行について考えてみます。

旅行に行くとなると、個人手配にしてもパッケージツアーにしても、ある程度事前に計画を立てると思います。

一方で何の計画も立てなかった場合はどうなるでしょうか。まず移動するための新幹線や飛行機の安い席がすでに埋まってしまっていて、高い席しか残っていない可能性があります。または、すごく待たされて何時間もあとの出発になるかもしれません。そうなると空き時間を持て余してしまい、飲み物や食べ物を買ったりして、追加コストになってしまいます。

また、無事現地に着いたとします。ホテルを探そうとしてもなかなか部屋がなくて、ホテルを探し回って移動費が発生するかもしれません。運よく見つかったとしても、高い部屋しかない場合もあります。

特段、観光に行くところも決めず、ぶらぶらと街に出たときは非日常の気分も相まって、買うつもりのなかったお土産もついつい買ってしまったり……。

あらかじめ計画を立てておけば、移動もホテルも安く済ませることができます。追加コストも発生しません。

このように、計画的な時間の使い方をすれば支出もだいぶ変わってくるわけです。さらに、時間も効率的に使えますね。

時間も価値を持つものです。一日に何カ所も移動するとなったら、どのルートが一番効率がよいか、みなさんも考えますよね。わざわざ何回も行ったり来たりするルートは選ばないと思います。

時間の使い方については、私がかつてそうであったように、浪費しがちな人が特に注意する点でもあります。

第4章第7項「『買い物リスト』で浪費はやめられる！」にも通じるのですが、「いつ」「どこ」に行くかをあらかじめ決めておきましょう。

現在のマーケティングスキルはとても巧妙で、買わせるための仕掛けがいたるところにあります。目的をちゃんと持っていないと、うっかり買ってしまいかねません。


時間の使い方という側面で考えた場合には、ときには「時間をお金で買う」ということもあります。時間を優先している状況ですね。

私の知り合いで、顧客との打ち合わせの移動は必ずタクシーを使っていて、タクシーの中でノートパソコンを開いて報告書を作成したり、作業をしたりしている人がいます。もちろん電車で行くよりコストは高くつきますが、それよりも作業時間を優先しているのです。


時間とお金は密接に関連しています。

どこにお金をかけるのか／かけないのか。個人によって基準は違ってくるかと思いますが、あらかじめ計画的に行動していくことで経験を積んでいきましょう。この考え方は、この先投資をするうえでもとても役に立つものです。

7 自分へのご褒美は小出しで

株式会社アスマークが2019年に実施した「自分へのご褒美に関するアンケート調査（全国の20～50代男女）」によりますと、全体の半数以上の人が、ストレスがたまったときやリフレッシュしたいときに自分へのご褒美をあげているようです。つまり、ストレス発散の手段と捉えているということになります。

ご褒美の内容としては、いつもより高いお菓子やレストランでの食事、洋服や靴、旅行やエステなどの高額商品までさまざまです。

男女別では、男性は「お酒」、女性は食やファッションなどの「買い物」でストレスを発散している傾向が見てとれました。

私は以前、自分へのご褒美と称して海外旅行に行ったことがあります。しかも借金があるときに。いまとなっては考えられませんが、そのときはいろいろとがんばったことをひとまとめにして、一気に大きなご褒美を自分にプレゼントしようとしたのです。

この失敗から、ご褒美はこまめにするようになりました。一つひとつがんばって結果が出たことを、そのときどきに消化していかないと、ためていった分だけご褒美が大きくなって、結果的に金額も高いものになってしまうからです。

これはストレスと同じだと思います。ずっとガマンしてたまりにたまって、ある時点で耐えられなくなり一気に爆発する、なんてことはありませんか？　少しずつ発散していれば、そこまで大きなストレスにはならないはずです。

「自分はとてもがんばった」＝「ストレスがかかる環境でもがんばって耐え抜いた」と考えると、ご褒美は「ストレスをためないための息抜き」である、といえるのでしょう。

先程のアンケートでも、自分にご褒美をあげると気持ちがリフレッシュされて「またがんばろう」という気持ちになる、との結果が出ているようです。

そう考えると、ご褒美は「気分転換ができればいい」ので、「いつもと違う」ちょっとしたことをしてみるだけでも効果があるのではないでしょうか。

つまり、金額が高くなくても、いつもと違うことをするだけでいいのです。

例えば、いつも飲んでいるドリンクにトッピングでホイップクリームを追加してみたり、いつもとは違う友だちと食事に行ってみたり、いつもは電車で行くところを歩いてみたり、ちょっとしたあなただけの「いつもと違う」を見つけてみてくださいね。

ここで注意したいのは、ご褒美も最初は少額だったものが、慣れてくると次第に高額商品になってしまい、それを買わないと気が済まない、という状態になってしまうことです。こうなると、もはや買い物依存症の一歩手前です。「買い物することでしか気持ちが発散できない」ということにならないよう、あらかじめ使う金額の上限を決めておいたり、スポーツなどほかの方法も検討しておきましょう。

すでに家計簿をつけていると思いますので、1カ月の支出を確認したときに、ご褒美の金額もチェックしておきましょう。その金額をあとから見て「ちょっと使い過ぎたかな……」と後悔するようでは、いいご褒美とはいえません。

自分で稼いだお金なのですから、いい使い方をしたいですよね。いままでがんばった自分に、これからがんばるためのエネルギーチャージとして、いいお金の使い方をしたいものです。

Column

披露宴はレンタルドレスで！

女性の場合、友だちの結婚披露宴などに出席するときやパーティにお呼ばれしたときなど、ドレスを着る機会がたまにあるかと思います。みなさんはどうしていますか？

私は、以前は結婚式があるたびにデパートのドレス売り場に行って購入していました。バッグやショールなども入れると、1回で10万円近くになっていたのです。いま考えると、「なぜ毎回買っていたのだろう…」と後悔しきりです。これも借金の一因になっていたのですから……。

しかも、たいてい買ったドレスは数回しか着ないし、普段は着られない。あるとき、新しく買ったドレスがうれしくて妹に見せたら、「キャバクラの人みたい」と言われました。斬新なデザイン過ぎて、ちょっと露出が多かったようです。店員さんに「お似合いですよー」とおだてられてその気になって買いましたが、後悔しました。それ以来「タンスの肥やし」になったことはいうまでもありません。

いまは、ドレスを着るときにはネットのレンタルショップを利用しています。実際のレンタルショップもありますが、ネットのほうが安いからです。

私は背が高いほうなので、お店に行ってもそこまで種類があるわけではありません。でもレンタルであれば、海外ブランドをそろえているところもあるのでサイズ展開が豊富です。私がよく利用しているショップでは、コーディネートの相談にも乗ってくれるので助かっています。毎回違うドレスを着ることができるし、選ぶだけで楽しいです。

最近では、フリマアプリで安くカンタンに手に入れることもできます。ぜひ活用してみてください。

第7章

がんばっている
あなたへのメッセージ

1 一番のご褒美は生まれ変わったあなた自身

ここまでは、私が実際に借金を返済し、お金を貯める中で得てきたコツをいくつか紹介させていただきました。

何かしら参考になるものがありましたか？　もし、何か一つでも実行してもらっているのであれば、あなたはすでにこれまでとは違う考え方を持ち、違う行動を取っているということになります。つまり、あなたは生まれ変わって新しい人生を歩んでいるということです。

あなたが違う行動を取るようになることで、周囲から見た印象も変わってくるかもしれません。行動が違ってくるため、付き合う人達も変わってくるかもしれませんね。

「人間は習慣の生き物である」

これは、アメリカの哲学者ジョン・デューイの言葉ですが、人はその人の持つ習慣どおりに日々行動しています。

例えば、サラリーマンであれば毎朝同じ時間に起きて電車に乗り、同じ時間に会社に到着する人がほとんどでしょう。朝ごはんはいつもパンとコーヒーだけという人もいますし、夜寝る前には必ず本を読むという人もいると思います。自然と同じ行動をしていますよね。それはすでに習慣化しているからです。

さらにいうと、行動が習慣化しているということは、その部分の思考も固定されているということです。何か問題が起きない限り、考え方が変わることはあまりありません。

反対に、すでに日常の習慣と化したものをやめることは、なかなかむずかしいと思います。思考が固定されているので、考え方を変えない限り習慣をやめることも容易ではないのです。

もしいまの悪い習慣をやめて良い習慣を身に付けたいなら、まずは良い考え方をインプットして、固定させておく必要があるということになります。

ある程度の収入があるのに借金があったり、お金が貯まらないという状況は、浪費という悪習慣の結果です。

しかし、あなたはその状況に危機を感じて、習慣を変えようとしています。借金を返すための習慣や、お金を貯めるための習慣を身に付けて、それを成し遂げようとしています。これは、とても素晴らしいことです。

変化を受け入れた人だけが、新しい人生を手に入れることができます。自分の人生を変えようと試行錯誤し、現状から脱しようとしているのであれば、あなたはそれを手に入れる資格があるのです。

あなたは自分の手で自分の人生を変えていこうと考え､「こうしたい」「こうなりたい」と、自分の生きたい人生をイメージして行動しようとしています。この経験は何ものにも変えられないものです。もちろん、いままでのようにお金で買えるものではありません。とても価値のあるものです。

私も最初は慣れるのに時間がかかりましたが、一つひとつ自分でやってみる中で、次第に考え方を変え､行動を変えていきました。3年という時間はかかりましたが､いまはまったく違う人間になっていると思います。

いまとなっては、かつての借金まみれの自分がとても信じられないくらいです。

なぜあそこまで買い物に執着していたのか……。

なぜあのような状態まで放っておいたのか……。

かつての私ではなく、考え方が変わって新しい自分になったいまだからこそ、気付くことがたくさんありました。

いまは新しい自分が、日々新しい人生を切り開いていっています。これほど楽しく、うれしいことはありません。

2 お金では買えないものを大事にしよう！

あなたは、かけがえのないものを手に入れようとしています。これまでと違って、お金では買えないものです。

借金を返済する、またはお金を貯めるという目標を掲げて日々行動し、それを達成する。この経験は、必ずあなたに自信と勇気を与えてくれるはずです。それらはお金では買えないものです。

いまのように、私が人前でも過去の自分について話すことができるようになったのは、目標を達成して自分に自信を持てたからです。もちろん、お金の管理ができていなかったということは褒められたものではありませんが、自分の目標を達成するということはできました。そして、お金にコントロールされる自分から、お金をコントロールする側に近づけたということが、自分を大きく後押ししてくれたのです。

私は、この経験から多くのことを学びました。そのうちの重要な一つが、「お金では買えないもの」を大事にしていくということです。

「お金では買えないもの」とは、何でしょう。

自分の人生の中で何かをしようとしたときに出会う、経験や機会などもその中に入るでしょう。例えば、あなたが親孝行で、両親を海外旅行に連れていきたいと思ったとします。両親は海外に行くのがはじめてです。あなたも両親を連れて海外に行くのははじめてです。

はじめての経験だからこそ、両親のために旅行会社の選定からスケジュールの確認、両親の希望に沿ったプラン作りなど、時間をかけて一所懸命に取り組むはずです。そして、満足の行く機会を提供できたとします。両親もとても喜んでくれました。

――この経験を通して、あなたは目的を成し遂げた達成感と自分への自信を感じるはずです。それは、あなたのその後の人生にとっても、役に立つものとなるに違いありません。ときには苦労することもあるでしょう。また、ツライ思いをするかもしれません。しかし、それらは必ず自分を成長させてくれるはずです。

「命」「時間」「感情」「家族」「友だち」など。

これらは、元々お金を払って手に入れたものではありません。私たちが生まれながらにして得ているものです。それこそが、もっとも価値あるものではないかと私は思います。

以前と違って私も、洋服やバッグなどへの興味はだいぶ薄れました。それよりも、人との付き合いやその人の考え方そのものに興味を持つようになりました。

ものから人に興味の対象が移ったといえますね。友人はもちろんのこと、家族と話す時間も、とても大事だと感じるようになりました。

3 「自己投資」を「浪費」にしない

お金の使い方には、3パターンがあるといわれています。
①浪費……支払った金額ほどの価値が見込めないもの。無駄遣い（かつての私の特技）。
②消費……支払った金額と同等の価値があるもの（家賃や光熱費、電車代など）。
③投資……支払った金額以上の価値が見込めるもの（自分の将来への自己投資など）。

浪費については、この本を読んでいる方であれば、イヤというほど分かっているかと思いますので説明は不要ですね。

消費は、生活するうえで必要な経費ですから必ず支払うものです。

投資は、ここでは投資信託や株式などの金融商品ではなく、自己投資のことを指します。

ここまで読んでくださった方であれば、もう無駄遣いはしないと強い決意をしているはずです。これからは自分に必要なことを吸収するための「自己投資」に興味を持っていただきたいと思います。

自己投資は素晴らしいことですが、そのとき注意する必要があるのが、「それは本当に投資なのか？」ということです。

投資だと思ってやっていることが、じつはただの浪費になっている、ということがあるのです。投資だと思って何にでもお金を使っていては、家計にも悪影響が出てきます。

私は、借金を返済したあと心に余裕が出てきて、これからは自分に投資をしようと、勉強会やセミナーなどに頻繁に参加するようになりました。常に情報を検索して何かしらのセミナーに参加し、週末はいつも予定で一杯。たくさんの人に会い、さまざまな刺激を受けましたが、毎回「とてもよかった」という印象しか残っていなかったのです。完全に消化不良で、文字どおり「参加したことに意味がある」だけの結果でした。

これでは浪費といわざるを得ません。何かの勉強会に参加しても、そのときだけ「よかった」「刺激になった」だけで終わってしまっていては、時間もお金も無駄になってしまいます。

大事なことは、学んだことを次の行動に移せるかどうかです。

勉強会やセミナーは、自分の心がけ次第で意味のあるものにもなるし、逆に、ただの浪費になってしまうこともある、ということです。


それ以来、私は参加するかどうかも含めて、あらかじめ準備をするようになりました。
・自分が参加する目的は何か
・この金額を支払うだけの価値を見出せるか
・自分は何を得たいと思っているのか
それらを一つひとつ書き出していきました。

目標を決め、終わったあとに何か一つでも行動するためのヒントを得られれば、参加した意味があったと考えます。そして実際に参加したあとには最低一つは何らかの行動に移します。

こうしていくと、そのための時間を要しますので、次第に参加する勉強会やセミナーの数も減っていきました。その分、以前より内容の濃いものになっていると思います。

「浪費」と「投資」。まったく違うもののように見えるかもしれませんが、「投資」がいつの間にか「浪費」になってしまっていることがあります。「投資」は、本人の活用の仕方次第で、はじめて「本当の投資」となり得るのです。

ぜひ有意義な時間とお金の使い方をしてください。

4 人生に無駄なものなど一つもない

前項では、自分の取り組み方次第で「投資」も「浪費」になってしまう、ということをお伝えしました。このことは「投資」だけに限らず、すべてのことにいえると思います。

「人生に無駄なものなど一つもない」という言葉をあなたも聞いたことがあるかもしれません。何事も自分の心がけ次第で、その後の人生に生かすことができると考えれば、過去の失敗やイヤな経験もまったく無駄ではないのです。

第7章

借金の経験も、もちろん無駄ではありません。私は、自分の経験からたくさんのことを学びました。

なぜ買い物依存症になったのか、もっと早く何とかできなかったのか、どうやったらお金を返せるのか、どうしたらお金を貯めることができるのか。

お金について理解していなかった私は、お金に振り回されない人生を送るにはどうしたらいいか、それこそ身をもって勉強し、知識を身に付け、実践していきました。

大事なことは、常に学ぶ姿勢を持つこと。過去に行ったことが失敗だと分かれば、なぜそうなったのか原因を見つけて、次から同じ失敗をしなければいいのです。そうすれば、同じ失敗は回避できるはずです。経験から学び、次に役立てることで過去を生かすことができます。

さらに、この本を通して私の過去の経験が多くの人の役に立つのであれば、これほどうれしいことはありません。

経験から学ぶというのは、仕事や友だち関係の中でみなさんもすでに実践されているかと思います。

仕事の場面では、「以前あの上司にこういうふうに言って怒られたから、今日はこう言ってみよう」「前回のプロジェクトではこの部分が原因で遅延につながったから、今回はこうしてみよう」など……。

友だち関係のほうがもっと身近かもしれません。

私の場合、自分の性格について自分ではこう思っていたが、友だちから見たら全然違うように見えていた、ということがありました。それもイヤな方向に見えていたのです。自分ではそんなつもりはなかったので、とてもショックでした。

自分で自分のことはなかなか気付きにくいものですね。いまだにそう思います。それを周りが気付かせてくれているのだと思えるようになったのは、ごく最近のことですが、以前の私だったら、気にせず忘れるようにしていたと思います。誰でもイヤな思いはしたくないですよね。

でもあるときから、「周りは自分の鏡」なのだと理解するようになりました。それからは指摘されたことに対して、「そうなのかもしれない」と、とりあえず受け入れて気を付けるようにしています。指摘してくれること自体もありがたいことですね。

人は人生でたくさん失敗をするものだと思います。失敗してはじめて分かることもありますよね。それが失敗だと分かっただけいいと思うのです。そうすれば次回からはまた違う方法で試せます。いろいろ経験して蓄積してきた失敗の数だけ、次はうまくいく可能性が高くなりますし、その経験をほかの誰かのために役立てることもできます。

5 自分の可能性を広げよう！

「お金がすべてではない」とはよくいわれることですが、お金があればできることが格段に増えることは事実です。自分のやりたいことが実現する可能性も高くなります。留学、資格、結婚、独立など「お金があったらなぁ」と考えていることはありませんか？

お金は手元に置いておくためにあるのではありません。使うためにあります。何に使うのか？　もはや、これまでのように浪費するためではありませんよね？　自分のやりたいことのために使っていきましょう。

もし、いま手元にお金がなかったとしても、これから貯めていけばいいのです。そのためにはいつまでにいくら必要なのか？　ザックリでもいいので目安の金額を決め、それを達成するための手段を考えていきましょう。いろいろと調べていくうちに、だんだんと現実味を帯びてくると思います。具体的なイメージができて計画ができたら、あとは実行するだけです。楽しくなってきませんか？

私は計画を立てるのが好きです。旅行でも目標でも、日々のスケジュールでも。ちょっと面倒ではありますが、やってもみるとどんどんイメージが湧いてきて、面白くなってきます。

はじめてのことでも、計画というナビゲーターがあれば、どうやって進めばいいのか分かりますし、時間とお金も効率的に使えますよね。

「ちょっとむずかしいかな」と思った目標でも、とりあえず「どうしたらできるかな？」と考えているうちに、思いもよらないアイデアが出てくることもあります。

いままでの取り組みを通して、あなたはお金にコントロールされる側からお金をコントロールする側に、確実に近づいていると思います。そして、次第に自立した人になってきていると思います。これからはやりたいことは何だってできますよ。「そんなこと無理！」という言葉を頭から追い出して、どんどん自分のやりたいことをやっていきましょう。

現に、あなたは借金返済や貯蓄を実行しています。目的を明確にして目標を立て、実行しているのです。

目的は違えども、その後の目標達成へのプロセスは何にでも共通しているはずです。借金返済や貯蓄ができれば、ほかの目標だって達成できると思いませんか？

もちろん、途中で計画を修正してもいいですし、もし失敗したとしても前項でお話ししたとおり、それを経験として蓄積して次の計画に生かせばいいわけです。1回でできる人なんてほとんどいないのではないでしょうか。失敗は成功のもとだと思って、どんどん実行していきましょう。

最初は小さく始めてもいいと思います。小さな成功を積み重ねていけば、やがて大きな自信につながります。そしていつの日か大きな成功も得られると思います。

「挫折」という言葉を辞書で引いてみると、次のような説明があります。

「仕事や計画などが、途中で失敗してダメになること」

パナソニック創業者の松下幸之助は次のように言っています。

「失敗したところでやめてしまうから失敗になる。成功するところまで続ければ、それは成功になる」

「途中でやめなければ失敗にならない」ということですが、実際にやってみるとなかなかむずかしいものです。そのためには、計画を修正して何度も挑戦する必要があるかもしれません。やっているうちに何のために行動しているのかその意味が分からなくなってきて、そもそも挑戦するだけの目的ではなかった、ということも考えられます。

ここでは、シチュエーション別に挫折しそうなところをピックアップし、対処方法についてご案内したいと思います。

何で
挫折しそうですか？

1.
借金返済

2.
貯蓄

1. 借金返済

家計簿が続かない

- どうやったら続けられるか考える。
- できるところだけでもよい。
- 書くのを忘れてしまう場合は、タイミングを工夫してみる。
- 「家計簿」でなくても、スマホやパソコンで管理できるアプリを使ってもよい。

どうしても買ってしまう

- 1度や2度くらいであれば、大目にみる。
- でもそれが続くようであれば問題。その買い物と自分の人生、どちらが大事なのかもう一度よく考えて、原因を分析する。
- 目的、目標を再確認する。

返済どころではない。生活するのに精いっぱい

- 一度専門家に相談してみる。

返済が続かない

- 計画を見直してみる。
- 金額に無理があるようであれば調整してみる。

2. 貯蓄

貯める前にお金を使ってしまう

●自動積立定期預金や財形などの給料天引き機能を利用する。

お金が貯まると使ってしまう

●なぜお金を使ってしまうのか、原因を確認する。
●お金を貯める目的をもう一度確認する。
●このままお金が貯まらなかったら自分の人生にどういう影響が出るのか考える。
●簡単に引き出せないよう、別口座にしておく。

貯蓄できるほどの余裕がない

●家計簿を見てほかに節約できるところがないか確認する。
●もしないようであれば、収入を増やすことを検討する。

おわりに　私はひとりではなかった

借金を返済している間、私はひとりで悩み、苦しみ、誰にも相談できず、3年間悶々とひとりで過ごしてきました。

でも最近出会った人に、この経験のことをお話しして次のように聞かれたのです。

「世の中には借金のために、やけになって自堕落な生活を送っている人もいる。盗みや自殺をする人だっているよ。なぜそうならなかったの？」

最初、答えることができませんでした。なぜなら、私が選択した行動はとても自然で当たり前のことだと思っていたからです。理由なんて見当たらない。それが正直な思いでした。でもよく考えてみると、それは「私が育った環境にあるのではないか」と思うに至ったのです。

生活は厳しかったものの、ちゃんと学校に通わせてくれた両親。特に父親は男手一つで子ども3人を育ててくれましたが、大変な苦労があったと思います。しつけも厳しかったですが、その分大人になってからだいぶ役に立っています。

小学校から高校まではスポーツに打ち込み、グレることなく育つことができました。毎日部活で帰りの遅かった私に声をかけてくれた祖父母。友人たちにも恵まれ、たくさんの素晴らしい恩師との出会いもありました。

子どものころはケンカが絶えなかったけれど、いまではたくさんのことを学ばせてもらっている兄弟。

思えば、私は周りの人たちにいつも助けられてきたのだと気が付きました。

そうです。私はひとりではなかったのです。助けられ、支えられてきたからこそいまの私がいて、借金返済という達成に結び付いたのだと気が付きました。

あなたもひとりではありません。

悩んでいて周りの人に言いにくいのであれば、相談できそうな人に相談してみてください。私が所属する一般社団法人 ウーマンフィナンシャルカウンセリング協会でも相談を受け付けていますので、お気軽にご連絡ください。巻末にも各種相談窓口の連絡先を掲載しています。これらはきっとあなたの助けになるはずです。

いままでと同じことを続けているのなら、また同じ人生が待っています。何か違うことをしない限り、人生は変わっていきません。

この本があなたの人生を変える後押しとなり、少しでもお役に立てたのであれば、著者としてこれ以上うれしいことはありません。

これから、あなたが素晴らしい人生を歩んでいくことを願って。

西村　優里

2014年6月

全国の相談窓口

はじめて借金などの相談をする場合、どこに連絡したらいいのか迷いますよね。ネットで検索すると弁護士事務所や司法書士事務所などがたくさん出てきて、どこを選んだらよいのか分からない場合もあるかと思います。また、費用のことを心配される方もいるでしょう。

次からご紹介する法テラスや地方自治体には無料の相談窓口がありますので、そちらに相談してみるのも一案です。私はその存在を知らなかったので、ネットで検索したところに恐る恐る行きましたが、知っていたらまずは近くの相談窓口に行っていたと思います。

■日本司法支援センター　法テラス

法的トラブルを解決するために国によって設立された独立行政法人です。借金だけでなく、相続や詐欺など法に関するトラブルの相談を無料で行っています。

http://www.houterasu.or.jp

■各都道府県の消費生活センター

次ページ以降で、各都道府県の代表的な相談窓口を掲載しています。お住まいの各市町村区にも相談窓口はありますので、各都道府県窓口でお問い合わせいただくか、ホームページ等で確認してください。

■独立行政法人　国民生活センター

トップページ→相談・紛争解決→全国の消費生活センター等

http://www.kokusen.go.jp/map/index.html

また、最近は相談窓口の名前を名乗った不審な電話もあるそうなので十分注意が必要です。「トラブルにあっていないか？　被害を調査している」などと言って連絡先に電話するよう誘導するそうです。

相談窓口から電話をすることはないとのことですので、そのような電話を受けた場合にもこちらの消費生活センターに連絡するようにしてください。

■都道府県別の相談窓口一覧

※最新の情報はホームページ等で確認してください。

都道府県	名　称	電話番号 受付時間	特記事項
北海道	北海道立消費生活センター	050-7505-0999 9:00～16:30	インターネット相談受付有り 土曜、日曜、祝日、年末年始は除く
青森県	青森県消費生活センター	017-722-3343 9:00～17:30	祝日も受付　年末年始は除く
岩手県	岩手県立県民生活センター	019-624-2209 9:00～17:30（土曜・日曜10:00～16:00）	祝日、年末年始は除く
宮城県	宮城県消費生活センター	022-261-5161 9:00～17:00（土曜・日曜9:00～16:00）	祝日、年末年始は除く
秋田県	秋田県生活センター	018-835-0999 9:00～17:00	土曜、日曜、祝日、年末年始は除く
山形県	山形県消費生活センター	023-624-0999 9:00～17:00	土曜、日曜、祝日、年末年始は除く
福島県	福島県消費生活センター	024-521-0999 9:00～18:30	面接相談:月曜～金曜9:00～17:00、第４日曜9:00～16:30（電話相談のみ） インターネット相談受付有り 土曜、日曜、祝日、年末年始は除く
茨城県	茨城県消費生活センター	029-225-6445 9:00～16:00	土曜、祝日、年末年始は除く 日曜は電話相談のみ
栃木県	栃木県消費生活センター	028-625-2227 9:00～16:00	土曜、日曜、祝日、年末年始は除く
群馬県	群馬県消費生活センター	027-223-3001 9:00～16:30（土曜12:00～13:00昼休み等）	土曜は電話相談のみ インターネット相談受付有り 日曜、祝日、年末年始は除く 来所相談は事前予約制
埼玉県	埼玉県消費生活支援センター	048-261-0999 9:00～16:00	日曜、祝日、年末年始は除く
千葉県	千葉県消費者センター	047-434-0999 9:00～16:30（土曜9:00～16:00）	日曜、祝日、年末年始は除く

都道府県	名　称	電話番号 受付時間	特記事項
東京都	東京都消費生活総合センター	03-3235-1155 9:00～17:00	架空請求専用電話 03-3235-2400 高齢者被害専用電話 03-3235-3366 日曜、祝日、年末年始は除く
神奈川県	かながわ中央消費生活センター	045-311-0999 9:30～19:00（土曜、9:30～16:30）	電話での相談受付 （手紙、FAXの受付不可） インターネット受付有り 祝休日、年末年始、かながわ県民センター休館日は除く
新潟県	新潟県消費生活センター	025-285-4196 9:00～17:00（土曜10:00～16:30）	土曜は電話相談のみ 毎月第4水曜日、日曜、祝日、年末年始は除く
富山県	富山県消費生活センター	076-432-9233 8:30～17:00	金融相談 076-433-3252 土曜、日曜、祝日、年末年始は除く
石川県	石川県消費生活支援センター	076-255-2120 9:00～17:00 （土曜9:00～12:30）	日曜、祝日、年末年始は除く
福井県	福井県消費生活センター	0776-22-1102 9:00～17:00	祝日、年末年始は除く
山梨県	山梨県県民生活センター	055-235-8455 8:30～17:00	土曜、日曜、祝日、年末年始は除く
長野県	長野県北信消費生活センター	026-217-0009 8:30～17:00	土曜、日曜、祝日、年末年始は除く
	長野県中信消費生活センター	0263-40-3660 8:30～17:00	土曜、日曜、祝日、年末年始は除く
	長野県東信消費生活センター	0268-27-8517 8:30～17:00	土曜、日曜、祝日、年末年始は除く
	長野県南信消費生活センター	0265-24-8058 8:30～17:00	土曜、日曜、祝日、年末年始は除く
岐阜県	岐阜県環境生活部県民生活相談センター	058-277-1003 8:30～17:00 （土曜9:00～17:00）	土曜は電話のみ受付 インターネット相談受付有り 日曜、祝日、年末年始は除く
静岡県	静岡県中部県民生活センター	054-202-6006 9:00～16:00	土曜、日曜、祝日、年末年始は除く
	静岡県西部県民生活センター	053-452-2299 9:00～16:00	土曜、日曜、祝日、年末年始は除く
	静岡県東部県民生活センター	055-952-2299 9:00～16:00	土曜、日曜、祝日、年末年始は除く

都道府県	名　称	電話番号 受付時間	特記事項
愛知県	愛知県消費生活総合センター	052-962-0999 9:00～16:30(土曜、日曜9:00～16:00)	インターネット相談受付有り 祝日、年末年始は除く
三重県	三重県消費生活センター	059-228-2212 9:00～16:00(12:00～13:00昼休み等)	土曜、日曜、祝日、年末年始は除く
滋賀県	滋賀県消費生活センター	0749-23-0999 9:15～16:00	日曜、祝日、年末年始は除く
京都府	京都府府民環境部消費生活安全センター	075-671-0004 9:00～16:00(12:00～13:00昼休み等)	多重債務・ヤミ金融相談 075-671-0044、 高齢者消費生活ホットライン 075-671-0144 (9:00～17:00) 消費生活週末(土曜・日曜・祝日)電話相談 075-811-9002 (10:00～16:00) 年末年始は除く
大阪府	大阪府消費生活センター	06-6616-0888 9:00～17:00	インターネット相談窓口有り 土曜、日曜、祝日、年末年始は除く お住まいの市町村の消費生活相談窓口が受付を行っている場合はそちらを案内
兵庫県	兵庫県立消費生活総合センター	078-303-0999 9:00～16:30	土曜、日曜、祝日、年末年始は除く
奈良県	奈良県消費生活センター	0742-36-0931 9:00～16:30	土曜、日曜、祝日、年末年始は除く
和歌山県	和歌山県消費生活センター	073-433-1551 9:00～17:00(土曜、日曜10:00～16:00)	土曜・日曜は電話相談のみ 祝日、年末年始は除く
鳥取県	鳥取県消費生活センター 東部消費生活相談室	0857-26-7605 8:30～17:00	土曜、日曜、祝日、年末年始は除く
	鳥取県消費生活センター 西部消費生活相談室	0859-34-2648 8:30～17:00	祝日、年末年始は除く
	鳥取県消費生活センター 中部消費生活相談室	0858-22-3000 9:00～17:30	月曜、日曜、祝日とその翌日、年末年始は除く
島根県	島根県消費者センター	0852-32-5916 8:30～17:00	日曜は電話相談のみ 土曜、祝日、年末年始は除く
岡山県	岡山県消費生活センター	086-226-0999 9:00～16:30	インターネット相談受付有り 月曜、祝日、年末年始は除く

都道府県	名　称	電話番号 受付時間	特記事項
広島県	広島県生活センター	082-223-6111 9:00～17:00	土曜、日曜、祝日、年末年始は除く
山口県	山口県消費生活センター	083-924-0999 8:30～17:00	土曜、日曜、祝日、年末年始は除く
徳島県	徳島県消費者情報センター	088-623-0110 9:00～18:00（土曜、日曜9:00～16:00）	来所相談は10：00より インターネット相談受付有り 水曜、祝日、年末年始は除く
香川県	香川県消費生活センター	087-833-0999 8:30～17:00	多重債務・ヤミ金融専用相談 087-834-0008　相談時間:月曜～金曜8:30～17:00（昼休み12:00～13:00） インターネット相談受付有り 土曜、日曜、祝日、年末年始は除く
愛媛県	愛媛県消費生活センター	089-925-3700 9:00～17:00（水曜9:00～19:00）	インターネット相談受付有り 土曜、日曜、祝日、年末年始は除く
高知県	高知県立消費生活センター	088-824-0999 9:00～16:45	インターネット相談は受付のみ、回答は電話 土曜、祝日、年末年始は除く
福岡県	福岡県消費生活センター	092-632-0999 9:00～16:30（日曜10:00～16:00）	日曜は電話相談のみ 土曜、祝日、年末年始は除く
佐賀県	佐賀県消費生活センター	0952-24-0999 9:00～17:00	インターネット相談受付有り 年末年始は除く
長崎県	長崎県消費生活センター	095-824-0999 9:00～17:00（12:00～13:00昼休み等）	インターネット相談受付有り 土曜、日曜、祝日、年末年始は除く
熊本県	熊本県消費生活センター	096-383-0999 9:00～17:00	土曜、日曜、祝日、年末年始は除く
大分県	大分県消費生活・男女共同参画プラザ	097-534-0999 9:00～17:30（日曜13:00～16:00）	土曜、第3日曜、祝日、年末年始は除く
宮崎県	宮崎県消費生活センター	0985-25-0999 9:00～17:00	土曜については電話相談のみ受付 日曜、祝日、年末年始は除く

都道府県	名　称	電話番号 受付時間	特記事項
鹿児島県	鹿児島県消費生活センター	099-224-0999 9:00〜17:00 (土曜10:00〜16:00)	日曜、祝日、年末年始は除く 土曜の来所相談は要予約
沖縄県	沖縄県消費生活センター	098-863-9214 9:00〜16:00(12:00〜13:00昼休み等)	土曜、日曜、祝日、年末年始は除く

※各消費生活センター窓口で相談できるのは、原則在住の方です。

■国民生活センター　消費者ホットライン（全国統一番号）

188（局番なし）

消費者ホットラインは「誰もがアクセスしやすい相談窓口」として開設されたものです。土日祝日など、各都道府県の消費生活センター等が開所していない場合、国民生活センターにつながります。

■国民生活センター　平日バックアップ相談

※最寄りの相談窓口に電話がつながらない場合

03-3446-1623（10：00〜16：00。12：00〜13：00は除く）

各都道府県や政令市の消費生活センター等の電話が話し中の場合、この電話番号がアナウンスされます。こちらでも相談を受け付けていますので、ご利用ください。なお、来訪や文書での相談は受け付けておりません。

■多重債務の相談窓口

上記消費生活センターでも多重債務相談は受け付けていますが、特設の専用窓口もありますので、多重債務でお困りの場合にはこちらの方がよいかと思います。

・金融庁　多重債務についての相談窓口
https://www.fsa.go.jp/soudan/index.html

【著者紹介】

西村　優里（にしむら　ゆうり）

ファイナンシャル・カウンセラー
一般社団法人ウーマンフィナンシャルカウンセリング協会代表理事
金融教育支援員

家庭環境のストレスから洋服やバッグ、エステや宝石などの高額商品をカードで衝動買いするようになる。返すために借りるという自転車操業に陥り、20代で借金が500万円以上に。「このままではいけない、人生を立て直したい」との思いから一念発起、借金返済に取り組み、同時に依存症からも回復。

同じように悩んでいる女性の助けになろうと決意、一般社団法人ウーマンフィナンシャルカウンセリング協会を設立。女性を中心に全国から「誰にも言えない」お金の相談が相次ぐ。やめたいけどやめられない心の問題にも取り組むべく、メンタルヘルスプログラム「The Change」開発に参画。

個別カウンセリングやセミナーのほか、テレビ、ラジオ、雑誌などメディア出演も多数。

◆この本の内容に関するご意見・ご感想・お問い合わせ
一般社団法人 ウーマンフィナンシャルカウンセリング協会
info@woman-fca.com（E-mail）
http://www.woman-fca.com（HP）

企画協力　　ネクストサービス株式会社　代表取締役　松尾昭仁
組　　版　　出穂　英里子
装　　幀　　吉良　久美

買い物依存症 OL の借金返済・貯蓄実践ノート

2014 年 7 月 25 日　第 1 刷発行
2022 年 1 月 28 日　第 5 刷発行
著　者　　西村　優里
発行者　　松本　威
発行所　　合同フォレスト株式会社
〒 184-0001
東京都小金井市関野町 1-6-10
電話 042（401）2939　FAX 042（401）2931
振替 00170-324578
ホームページ https://www.godo-forest.co.jp
発　売　　合同出版株式会社
〒 184-0001
東京都小金井市関野町 1-6-10
電話 042（401）2930　FAX 042（401）2931
印刷・製本　新灯印刷株式会社

■落丁乱丁の際はお取り換えいたします。

ISBN978-4-7726-6031-0　NDC365　188 × 130